FICHES BAC
Tle ES

Économie approfondie

Enseignement de spécialité

Franck Rimbert
Professeur de Sciences écon
au lycée Guist'hau (Nantes)

Hatier

IMPRIM'VERT
Votre imprimeur agit pour l'environnement

PAPIER À BASE DE FIBRES CERTIFIÉES

s'engage pour l'environnement en réduisant l'empreinte carbone de ses livres
Celle de cet exemplaire est de :
500 g éq. CO_2
Rendez-vous sur
www.hatier-durable.fr

Achevé d'imprimer par Loire Offset Titoulet à Saint-Etienne - France
Dépôt légal : 98602-01 décembre 2014

Conception maquette : **Favre & Lhaïk** • *Édition :* **Carole San-Galli**
Schémas : **Philippe Bouillon (Illustratek)** *et* **STDI** • *Mise en pages :* **STDI**

SOMMAIRE

CHECK LIST

*Les mots suivis d'un * dans les fiches correspondent aux notions clés du programme, définies dans le dépliant en fin d'ouvrage.*

DÉPLIANT

— Schémas de synthèse

— Définitions clés

L'épreuve d'économie approfondie au bac en terminale ES

1

Si vous avez suivi la spécialité économie approfondie en terminale ES, vous passerez une épreuve écrite (de coefficient 2) sur le programme de cet enseignement.

1 *Descriptif de l'épreuve*

A Durée de l'épreuve

▶ L'épreuve dure **1 heure** et se déroule en même temps que l'épreuve d'enseignement spécifique. Vous avez donc **5 heures au total** pour traiter les deux épreuves.

▶ Il est conseillé de **commencer par traiter le sujet de spécialité**, en prenant garde à ne pas dépasser l'heure supplémentaire prévue pour cette épreuve.

B Contenu de l'épreuve

Vous avez le **choix entre deux sujets** portant sur des thèmes différents du programme.

▶ Chaque sujet comporte une **question générale** accompagnée d'**un ou deux documents**.

▶ Si le sujet ne comprend qu'un seul document, celui-ci est **obligatoirement un texte**. S'il comporte deux documents (→ FICHES 13, 25, 38), ils sont de **natures différentes** (un texte et un document statistique).

2 *Conseils de méthode*

A Analyser le sujet

Afin de répondre à la question posée par le sujet, il est indispensable de commencer par l'analyser en définissant d'abord les **mots clés du sujet**, qui font référence aux notions du programme, puis en étudiant sa formulation.

▶ Certaines formulations reposent sur des **affirmations** qu'il s'agit de démontrer (→ FICHES 13, 25, 38). Autre exemple : le sujet « Pourquoi faut-il réformer le système de retraite par répartition ? » implique que ce système de retraite doit être réformé et la réponse doit développer les facteurs qui rendent nécessaires cette réforme.

▶ En revanche, d'autres sujets appellent une **discussion**. Sur le même thème, le sujet « Faut-il réformer le système de retraite par répartition ? » implique de développer à la fois les raisons et les limites à la nécessité de cette réforme. C'est également le cas pour les sujets commençant par « Dans quelle mesure ».

B Mobiliser ses connaissances

Après avoir analysé le sujet, vous devez rassembler vos **connaissances personnelles** s'y rapportant. Ceci doit vous permettre de lister les **idées clés** qu'il vous faudra développer dans la réponse au sujet.

C Utiliser les documents

Enfin, l'étude des documents doit permettre d'illustrer les réponses apportées au sujet.

▶ Pour les **textes**, il faut éviter la paraphrase et reformuler, en utilisant vos connaissances personnelles et les idées du texte. Dans la réponse, vous pouvez éventuellement citer le texte mais ces citations, avec des guillemets, doivent être rares (une ou deux maximum).

▶ Pour les **documents statistiques**, il est obligatoire d'utiliser les données les plus pertinentes pour illustrer le raisonnement et il est conseillé d'effectuer certains calculs ; vous montrerez ainsi votre maîtrise de l'outil statistique. Ces calculs peuvent être très simples et même approximatifs, car l'utilisation de la calculatrice est interdite.

D Rédiger la réponse

La réponse au sujet doit être ainsi organisée :
– une **introduction** qui rappelle le sujet, définit les termes clés, et annonce les principales idées qui vont être développées ;
– un **développement** structuré en paragraphes, chacun développant un élément de réponse à la question posée ;
– une **conclusion** qui résume les idées du développement en deux ou trois lignes.
Un conseil : lorsqu'un document est utilisé, il est recommandé d'indiquer son utilisation entre parenthèses.

CONCLURE

Attention à ne pas tomber dans le piège de la paraphrase du ou des documents. Pour cela, commencez par mobiliser vos connaissances.

Les déterminants de l'évolution démographique

2

QUIZ p. 15

De quelle façon la démographie mesure-t-elle l'évolution d'une population ?

1 La démographie et ses sources

A Les deux dimensions de la démographie

▶ La démographie est l'**étude quantitative** (natalité, mortalité, mouvements migratoires*) **et qualitative de la population**, au regard d'un certain nombre de critères sociodémographiques (âge, sexe, population active*).

▶ La démographie peut être considérée comme une **science humaine** s'intéressant aux causes et aux conséquences des phénomènes de population constatés grâce aux données statistiques (augmentation du nombre de naissances, vieillissement de la population, etc.).

B Les sources des données démographiques

▶ La principale source de données statistiques est le **recensement**. Il permet de connaître le nombre de personnes résidant dans un pays, ainsi que les caractéristiques économiques, sociales et culturelles de cette population. Alors qu'avant 2004 il avait lieu tous les 7 à 8 ans en France, une enquête est depuis réalisée chaque année auprès d'une partie de la population.

▶ Les **registres d'État civil** sont la seconde source importante de connaissance de la population. Ils enregistrent, dans les communes, les naissances, mariages, divorces et décès.

2 La mesure de l'évolution de la population

Pour mesurer l'évolution de la population, on ajoute le solde naturel, qui mesure le mouvement naturel* de la population, et le solde migratoire, représentant les mouvements migratoires.

A Le solde naturel

▶ La population varie en fonction du **nombre de naissances et de décès** au cours d'une période donnée, la différence constituant le solde naturel de la population.

▶ Le nombre absolu de naissances et de décès n'a de sens que s'il est mis en rapport avec le nombre d'habitants. On calcule des **valeurs relatives** exprimées sous forme de taux pour 1 000 habitants.

▶ Les principaux taux utilisés pour étudier l'évolution de la population sont le **taux brut de natalité**, le **taux global de fécondité**, et le **taux brut de mortalité**.

Taux (pour 1 000 habitants)	Formule
Taux brut de natalité	$\dfrac{\text{nombre de naissances vivantes}}{\text{population moyenne de l'année}}$
Taux global de fécondité	$\dfrac{\text{nombre de naissances vivantes}}{\text{nombre de femmes en âge de procréer}}$
Taux brut de mortalité	$\dfrac{\text{nombre de décès}}{\text{population moyenne de l'année}}$

La population moyenne annuelle s'obtient par le calcul :

$$\frac{\left(\begin{array}{c}\text{population au } 1^{\text{er}} \text{ janvier}\\ \text{de l'année}\end{array} + \begin{array}{c}\text{population au } 1^{\text{er}} \text{ janvier}\\ \text{de l'année suivante}\end{array}\right)}{2}$$

B Le solde migratoire

▶ Un **immigré** est une personne née étrangère à l'étranger et résidant en France. Un immigré n'est pas nécessairement étranger (il a pu devenir français) et réciproquement, certains étrangers sont nés en France.

▶ Un **émigré** est une personne née française et résidant dans un autre pays.

▶ Le solde migratoire est la différence entre le nombre de personnes qui sont entrées sur le territoire et le nombre de personnes qui en sont sorties au cours de l'année.

CHIFFRES CLÉS **En France métropolitaine, en 2013, le solde migratoire est de 50 000 pour une population de 63 659 608 personnes au 1er janvier 2013.**

CONCLURE

L'évolution quantitative de la population dépend du solde naturel de la population et du solde migratoire.

Les grandes évolutions démographiques

3

QUIZ p. 15

Quels phénomènes récurrents la démographie met-elle en évidence ?

1 *Les régularités statistiques*

A Les lois biologiques

Les phénomènes démographiques sont d'abord des phénomènes biologiques.

▶ Ainsi, on peut constater que, pour toutes les sociétés et de tout temps, il existe une **surnatalité masculine** : il naît, aujourd'hui dans presque tous les pays, plus de garçons que de filles, la proportion étant d'environ 105 naissances de garçons pour 100 naissances de filles (*sex-ratio*).

▶ On peut également constater une **surmortalité masculine** : à tous les âges, les hommes meurent plus que les femmes. L'espérance de vie des femmes est donc plus élevée que celle des hommes (en France, l'écart d'espérance de vie est d'environ 7 ans).

B Les régularités sociales

▶ Il existe une **surmortalité des catégories sociales les plus pauvres** que l'on peut l'expliquer par des différences significatives de conditions de vie (alimentation, logement, travail). En outre, aujourd'hui, malgré l'amélioration des soins, les inégalités sociales face à la mort restent importantes : les catégories les plus favorisées se soignent mieux que les catégories défavorisées et ont aussi une espérance de vie supérieure.

▶ On peut observer une **sous-fécondité des classes moyennes** (professions intermédiaires, une partie des employés et des cadres supérieurs). On peut l'expliquer par une activité plus élevée des femmes, mais également par un changement de la place de l'enfant au sein de la famille. En effet, de nos jours, celui-ci fait l'objet d'un investissement éducatif qui alourdit son « coût », d'où une réduction du nombre d'enfants dans les classes moyennes.

2 La transition démographique

A L'accélération de la croissance de la population mondiale

▶ Ce n'est qu'il y a trente à quarante mille ans, c'est-à-dire très tardivement dans l'histoire humaine, que la population a franchi le seuil d'1 million d'habitants. La croissance s'est alors poursuivie jusqu'à atteindre 1 milliard d'hommes vers 1800, 6 milliards en 1999, et plus de **7 milliards** aujourd'hui.

▶ L'accélération de la croissance de la population mondiale est limitée à une période allant du XVIIIe siècle **jusqu'aux années 1960**.

▶ Depuis les années 1960, cette croissance tend à baisser. Cette période est appelée la transition démographique* : on passe **d'un régime démographique traditionnel** (taux de natalité et de mortalité élevés) **à un régime démographique moderne** (taux de natalité et de mortalité faibles).

B Une loi universelle

▶ Toutes les populations ont connu ou connaissent le processus de transition démographique. Celui-ci commence par une baisse de la mortalité alors que la natalité reste forte, entraînant ainsi une **explosion démographique**. Dans une seconde phase, la natalité tend à baisser, impliquant un ralentissement de la croissance de la population et un **vieillissement** de celle-ci.

▶ La transition démographique est une loi universelle touchant tous les pays, mais à des époques différentes. Au XVIIIe siècle, elle touche d'abord l'Europe et les régions alimentées par l'émigration européenne : l'Amérique du Nord et l'Amérique latine. Elle commence en Asie au cours des années 1920-1930, et est en cours en Afrique depuis les années 1990.

▶ D'une manière générale, on constate que plus la transition démographique est tardive, plus l'augmentation de la population tend à être élevée.

CONCLURE

On observe l'existence de lois démographiques, naturelles et sociales. La plus importante est la transition démographique.

Démographie et épargne : le modèle du cycle de vie

4

(→ DÉPLIANT, I)

? QUIZ p. 15

Quels sont les effets de la démographie sur l'épargne ?

1 Épargne et démographie

A Le rôle de l'épargne dans l'économie

▶ L'épargne*, d'un point de vue économique, représente la partie du revenu qui n'est pas consacrée à la consommation.

CHIFFRE CLÉ **En 2013, l'épargne des ménages français représente 15,1 % de leur revenu.**

▶ Pour les keynésiens, une épargne trop élevée **ralentit** la croissance économique.

▶ Pour les libéraux, l'épargne a des **effets positifs** sur la croissance.

B Les déterminants de l'épargne

Le taux d'intérêt et le revenu sont des déterminants essentiels de l'épargne.

▶ Le **taux d'intérêt** représente la rémunération de l'épargne placée sur le marché financier*. Ainsi, quand le taux d'intérêt augmente, les ménages ont tendance à accroître leur épargne.

▶ Pour Keynes, lorsque le **revenu** augmente, l'épargne est plus élevée : c'est la « loi psychologique fondamentale ».

▶ Les comportements d'épargne varient également selon l'âge. C'est la **théorie du cycle de vie***, présentée par l'économiste américain Modigliani. Les individus sont jeunes, s'endettent, puis épargnent durant leur vie active, et ils utilisent cette épargne à l'âge de la retraite (et entrent alors dans un processus de désépargne).

	Analyse keynésienne	Analyse néoclassique
Rôle de l'épargne	Frein à la croissance.	Favorise la croissance.
Déterminant de l'épargne	L'épargne est déterminée par le revenu courant de l'individu.	L'épargne dépend du taux d'intérêt.

2 *Les limites de la théorie du cycle de vie*

A Un impact relatif sur l'épargne

▶ Selon la théorie du cycle de vie, le vieillissement de la population se traduit notamment par un phénomène de **désépargne**, rendant plus difficile le financement de l'activité économique. En effet, l'épargne des agents économiques est utilisée pour financer l'investissement.

▶ Cependant, le processus de désépargne **peut être ralenti** par les réformes sur le système de retraite (→ FICHE 10) et la volonté de se prémunir contre les risques de dépendance.

▶ Les comportements d'épargne ne s'expliquent pas seulement par le cycle de vie. On peut distinguer deux autres types de comportement applicables à tout âge.

- Le premier correspond à une **épargne de précaution**, afin de se prémunir contre des risques à court ou moyen terme, comme le chômage.
- Le second correspond à la volonté de constituer un **patrimoine** qui sera transmis aux descendants.

B Un modèle éloigné de la réalité

▶ L'hypothèse de la théorie du cycle de vie selon laquelle les plus âgés doivent désépargner suppose l'existence d'une **épargne négative**. Or les études économiques ne font jamais apparaître un tel phénomène, quel que soit l'âge de la population étudiée.

▶ La théorie du cycle de vie suppose enfin une **parfaite globalisation financière***, pour que l'insuffisance du taux d'épargne nationale* dans un pays soit compensée par l'excédent d'épargne d'autres pays. Elle ne prend en compte ni l'incertitude ni l'imperfection des marchés financiers.

CONCLURE

La théorie du cycle de vie permet de comprendre les comportements d'épargne des individus suivant leur âge, mais reste un modèle éloigné de la réalité.

Les effets économiques du vieillissement

5

(→ DÉPLIANT, I)

QUIZ p. 15

Quels sont les effets économiques du vieillissement de la population ?

1 Les causes du vieillissement de la population

A L'évolution de la fécondité

▶ Le vieillissement démographique* désigne l'augmentation de la part des personnes âgées dans la population. Par personne âgée, on entend toute personne âgée de 65 ans et plus.

CHIFFRES CLÉS En France, en 2013, les habitants âgés d'au moins 65 ans représentent 17,5 % de la population, soit 1,4 point de plus qu'en 2003. Près d'un habitant sur dix a plus de 75 ans.

▶ On parle de **vieillissement par le bas** lorsque le recul de la natalité vient réduire la part des jeunes dans la population. Ce vieillissement s'inscrit dans le processus de transition démographique* (→ FICHE 3).

▶ Depuis quelques années, le **recul de la natalité** s'explique principalement par la **maîtrise de la fécondité**. Cette volonté générale de contrôler la fécondité s'explique par des évolutions sociales majeures, comme celle de la place de l'enfant dans la famille et celle du statut de la femme dans la société.

B L'allongement de l'espérance de vie

▶ Le **vieillissement par le haut** correspond au recul de la mortalité aux âges les plus avancés. Il correspond à ce qu'on a appelé la « **transition épidémiologique** ».

▶ Depuis le début des années 1970, l'espérance de vie continue à augmenter, principalement du fait de la **baisse de la mortalité** des personnes âgées. On peut l'expliquer par les **progrès** de la médecine, l'amélioration de l'hygiène et la prévention des maladies.

2 Vieillissement et croissance économique

A Vieillissement et consommation

▶ Selon la théorie du cycle de vie*, le vieillissement se traduit par une **désépargne** (→ FICHE 4).

▶ Dans la réalité, la consommation des personnes âgées représente en effet aujourd'hui une **part non négligeable de la consommation globale.**

▶ Le vieillissement de la population modifie en partie la structure de la consommation avec l'augmentation de la part des dépenses de santé. Cependant, il n'a qu'un faible impact sur les autres postes de consommation, car aux effets du vieillissement vient se superposer un **effet générationnel**.

B Vieillissement et déséquilibres économiques

▶ Tous les pays ne sont pas au même stade de leur transition démographique. Cela entraîne des **situations contrastées** entre les différentes régions du monde, notamment entre les pays riches et vieillissants (Europe, Amérique du Nord) et les pays où la population en âge de travailler augmente fortement (les pays en voie de développement).

▶ L'étude des faits ne permet pas de conclure à un ralentissement de la croissance économique mondiale du fait du vieillissement de la population. En effet, **la désépargne est compensée** par une accumulation du capital* permise par l'augmentation de l'épargne de la population active*, favorisant ainsi des gains de productivité. Toutefois, le vieillissement démographique engendre de **nouvelles charges financières** (financement des retraites et de la dépendance) qui peuvent être préjudiciables à la croissance économique.

▶ Au niveau international, le vieillissement accéléré des populations ayant terminé leur transition démographique crée des déséquilibres dans les **mouvements de capitaux**. Les pays vieillissants disposent d'un excès d'épargne qu'ils transfèrent vers les pays les plus jeunes. On retrouve ici la théorie du cycle de vie appliquée au niveau mondial. Les mouvements de capitaux entraînent un **excédent structurel** des pays qui accueillent les capitaux des pays riches. Ainsi, le déficit commercial de certains pays peut être compensé dans la balance des paiements* par ces mouvements de capitaux.

CONCLURE

Si le vieillissement de la population ne conduit pas inéluctablement à un ralentissement de la croissance économique, il crée des mouvements de capitaux des pays vieillissants vers les pays plus jeunes.

Quiz express

Vérifiez que vous avez bien retenu les points importants **fiches 2 à 5**

6

Cochez la ou les bonnes réponses.

1 La mesure de l'évolution de la population

	Vrai	Faux
1. Le solde naturel est toujours positif.	☐	☐
2. Un immigré est une personne née à l'étranger.	☐	☐
3. Est considérée comme immigrée toute personne étrangère vivant en France.	☐	☐

2 La transition démographique

La transition démographique :

- ☐ a. est une loi de population universelle
- ☐ b. se traduit par un vieillissement de la population
- ☐ c. exprime la surnatalité masculine

3 Les limites de la théorie du cycle de vie

	Vrai	Faux
1. Selon cette théorie, le vieillissement de la population se traduit par une hausse de l'épargne.	☐	☐
2. La volonté de constituer un patrimoine remet en cause la théorie du cycle de vie.	☐	☐
3. Les comportements d'épargne ne s'expliquent pas seulement par l'âge.	☐	☐

4 Les causes du vieillissement de la population

	Vrai	Faux
1. La baisse de la natalité explique le vieillissement de la population.	☐	☐
2. L'allongement de l'espérance de vie entraîne un vieillissement par le haut.	☐	☐

5 Vieillissement et croissance économique

Le vieillissement de la population entraîne :

- ☐ a. une modification de la structure de la consommation
- ☐ b. un ralentissement de la croissance économique
- ☐ c. un accroissement des charges financières de la collectivité

Corrigés !

Score : ... / 11

1 *La mesure de l'évolution de la population*

Fiche 2

1. **Faux.** Le solde naturel est négatif lorsque le nombre de naissances est inférieur au nombre de décès.

2. **Faux.** Un immigré doit être né étranger en dehors du territoire national.

3. **Vrai.** Un immigré peut être naturalisé. Dans ce cas il n'est plus étranger, mais il reste immigré.

2 *La transition démographique*

Fiche 3

Réponse a. La transition démographique est bien une loi démographique universelle, car tous les pays sont concernés à un moment ou à un autre. Le vieillissement de la population a lieu seulement lors de la seconde phase.

3 *Les limites de la théorie du cycle de vie*

Fiche 4

1. **Faux.** C'est l'inverse : les personnes âgées désépargnent.

2. **Vrai.** La volonté des personnes âgées de transmettre un patrimoine à leurs enfants les incitent à ne pas désépargner.

3. **Vrai.** Il existe également une épargne de précaution afin de faire face à des événements inattendus (chômage, etc.).

4 *Les causes du vieillissement de la population*

Fiches 3 et 5

1. **Vrai.** La baisse de la natalité entraîne une baisse de la part des plus jeunes dans la population.

2. **Vrai.** Alors que la baisse de la natalité entraîne un vieillissement par le bas (la base de la pyramide des âges se rétrécit), l'allongement de l'espérance de vie élargit le haut de la pyramide (vieillissement par le haut).

5 *Vieillissement et croissance économique*

Fiche 5

Réponses a et c. La part des dépenses de santé des personnes âgées dans leur consommation totale tend à augmenter. De plus, l'augmentation du nombre de retraités et la nécessité de financer la dépendance des plus âgés tendent à augmenter les charges financières de la société.

Les types de financement de la protection sociale

7

(→ DÉPLIANT, III)

? QUIZ p. 25

Comment la protection sociale peut-elle être financée ?

1 Les différents types de financement

A Système « assurantiel » et système « assistanciel »

La protection sociale désigne l'ensemble des mécanismes et des institutions publics qui couvrent les individus **contre les risques sociaux** se traduisant par une perte de revenus. On distingue deux systèmes de protection sociale.

▶ Dans le système « assurantiel », la protection sociale est financée par des **cotisations sociales**, et seuls les cotisants peuvent percevoir des prestations (cas de la France après la Seconde Guerre mondiale). Dans le système « assistanciel », comme dans les pays scandinaves, la protection sociale est financée par l'**impôt**, et tout citoyen peut bénéficier de la protection sociale, même s'il n'a pas contribué à son financement.

▶ Le plus souvent, **les financements sont mixtes** : une part de la protection sociale est financée par des cotisations sociales versées par les salariés et les employeurs, mais l'impôt finance les revenus versés aux plus démunis. En France, le système de protection sociale contient, de plus en plus, des aspects « assistanciels ».

B Les financements dans les pays développés

La protection sociale a été mise en place dans la plupart des pays développés, mais on observe de grandes différences dans les systèmes de financement.

▶ Ainsi, dans l'**Union européenne**, les situations sont très différentes suivant les pays. Au Danemark, c'est surtout l'impôt qui finance la protection sociale, alors qu'en France les cotisations sociales y contribuent en majeure partie.

▶ Aux **États-Unis**, la protection sociale repose principalement sur des dispositifs privés : la couverture maladie et les assurances chômage sont organisées par les entreprises. L'État prend en charge les retraites par répartition (→ FICHE 8), ainsi que la couverture maladie pour les retraités et pour les plus pauvres.

2 Les difficultés de financement

A Le déficit

Depuis la fin des années 1980, la protection sociale connaît un **déficit récurrent.** On peut l'expliquer par une hausse des dépenses, mais également par un ralentissement des recettes.

▶ Les **dépenses** de santé **se sont accrues** du fait du vieillissement de la population, et avec l'augmentation du coût du matériel médical qui a accompagné le progrès technique. Par ailleurs, l'installation du chômage de masse depuis le début des années 1980 implique une forte augmentation de l'indemnisation. Enfin, la prise en charge de nouveaux risques liés à la pauvreté et à l'exclusion a généré de nouvelles dépenses pour la protection sociale.

▶ Les cotisations perçues sur les revenus du travail constituent les principales recettes de la protection sociale. Mais la montée du **chômage**, la faible hausse des **salaires**, ainsi que la politique d'**exemption des cotisations sociales** sur les bas salaires **freinent la hausse de ces recettes.**

B Les solutions mises en œuvre

▶ Pour réduire le déficit de la protection sociale, la priorité a été donnée en France à une **baisse des dépenses**, notamment des dépenses maladies : déremboursement de médicaments, hausse du ticket modérateur (part des dépenses de santé à la charge du patient). La réforme des retraites (→ FICHE 8) doit également entraîner une baisse des dépenses.

▶ Pour des raisons économiques et politiques, les gouvernements successifs hésitent à augmenter le **poids des cotisations sociales**, prélevées sur les seuls revenus du travail. De nouvelles sources de financement pour la protection sociale ont été créées, prélevées sur la totalité des revenus.

▶ Le Parlement vote chaque année une loi de financement de la Sécurité sociale afin d'éviter l'augmentation du déficit.

CONCLURE

La protection sociale peut être financée par des cotisations sociales obligatoires. Mais les problèmes de financement qu'elle connaît donnent lieu à un contrôle plus étroit des dépenses.

Les principes des régimes de retraite

8

QUIZ p. 25

Quels sont les caractéristiques et les problèmes posés par les régimes de retraite ?

1 Le régime de retraite par répartition

A Les caractéristiques du régime par répartition

▶ Dans un système de retraite par répartition*, les cotisations, versées par les actifs au titre de l'assurance vieillesse, sont immédiatement utilisées pour payer les pensions des retraités. Ce système repose donc sur une **forte solidarité entre générations.** Son équilibre financier dépend du rapport entre le nombre de cotisants et le nombre de retraités.

▶ En France, l'âge légal de la retraite est, depuis la **réforme des retraites de 2010**, de 62 ans pour les générations nées à partir de 1956, et pour percevoir une retraite à taux plein, les actifs doivent avoir cotisé 41,5 années. S'ils n'ont pas cotisé suffisamment, ils devront continuer leur activité jusqu'à l'âge de 67 ans, ou connaîtront une décote sur leur pension de retraite.

DATE CLÉ En France, le premier régime de retraite a été créé en 1673 pour les officiers de la marine royale.

B Les problèmes posés par le régime par répartition

▶ Le régime par répartition adopté en France connaît un **problème de financement** du fait du vieillissement de la population. Celui-ci entraîne en effet un poids croissant du nombre d'inactifs par rapport au nombre d'actifs occupés : c'est le ratio de dépendance*.

▶ Pour y faire face, plusieurs politiques peuvent être menées. Les premières consistent à reculer l'**âge de la retraite** et à allonger la **durée de cotisation.** Les autres peuvent porter sur la diminution du **montant des cotisations**, ou du **montant des retraites**, provoquant ainsi la baisse du taux de remplacement* (rapport entre la pension versée et le revenu d'activité).

▶ Une autre voie est d'**encourager les actifs à constituer un capital** qui leur sera reversé au moment de la retraite.

2 Le régime de retraite par capitalisation

A Les caractéristiques du régime par capitalisation

▶ Dans un système de retraite par capitalisation*, les actifs d'aujourd'hui épargnent en vue de leur propre retraite. Les « cotisations » font l'objet de **placements financiers ou immobiliers**, dont le rendement dépend essentiellement de l'évolution des taux d'intérêt.

▶ Le plus souvent, le capital accumulé par les actifs est géré par des sociétés spécialisées : fonds de pension, assurance-vie ou fonds de placement. La capitalisation peut être à **cotisations définies** ou à **prestations définies**. Dans le premier cas, les cotisations sont fixées et le niveau de prestations est constaté à l'âge légal de la retraite. Dans le second cas, le montant de la retraite est déterminé et les cotisations sont ajustées régulièrement.

B Les problèmes posés par le régime par capitalisation

▶ La retraite par capitalisation ne fait pas appel à la solidarité entre générations, et ses détracteurs expliquent qu'elle **nuit à la cohésion sociale**. En effet, les intérêts des actifs et des retraités peuvent être contradictoires. Alors que les premiers cherchent à préserver leur emploi, les seconds désirent maintenir un niveau élevé de pension de retraite. Or celui-ci dépend du rendement des placements réalisés par les fonds de pension, maximisé lorsque les taux d'intérêt sont élevés et les coûts salariaux faibles.

▶ La retraite par capitalisation est **sensible aux crises financières* et économiques**, puisque le capital qui doit financer les retraites risque alors de perdre de sa valeur. C'est pour cette raison que la retraite par répartition s'est imposée au cours des années 1930 et 1940 en Europe continentale.

▶ Les difficultés que connaît la retraite par répartition incitent les États concernés à introduire une **dose de capitalisation** dans leur régime de retraite. C'est le cas de la France avec le développement des retraites complémentaires.

CONCLURE

Le vieillissement de la population pose le problème du financement des retraites, en particulier pour les pays qui ont adopté un système par répartition.

La gestion des systèmes de santé

9

QUIZ p. 25

Quel est le rôle des pouvoirs publics et du marché dans la gestion des systèmes de santé ?

1 Le rôle des pouvoirs publics dans la gestion de la santé

A La place des pouvoirs publics dans la gestion du système de santé

▶ Dans les pays où le système de santé est principalement financé par l'impôt (→ FICHE 7), les pouvoirs publics jouent un rôle essentiel dans la gestion du système de santé. Dans ces **systèmes nationaux de santé**, les hôpitaux appartiennent aux collectivités publiques, et les médecins hospitaliers ont un statut de salarié de la fonction publique. Quant aux médecins généralistes, ils sont sous contrat avec le système de santé public, comme en Grande-Bretagne, ou employés directement par les centres de santé locaux, comme en Suède et en Finlande.

▶ L'**État** reste un acteur essentiel de la gestion du système de santé, même si celle-ci est assurée par des **organismes paritaires de service public**. En effet, l'État produit les textes juridiques, exerce une tutelle sur les organismes de Sécurité sociale et finance en partie la protection sociale.

B Les problèmes posés par l'intervention des pouvoirs publics

▶ La régulation administrée* peut être justifiée par deux critères : l'**efficacité** et l'**équité**. En effet, seule l'intervention des pouvoirs publics permet d'améliorer la santé de l'ensemble de la collectivité, mesurée par l'espérance de vie. Quant à l'équité, elle signifie une offre de soins équivalente suivant les régions et un accès aux soins égalitaire suivant la catégorie sociale.

▶ Cependant, il semble que l'amélioration de la situation sanitaire de la population ne justifie pas l'évolution croissante de la part des dépenses de santé dans les dépenses publiques. De plus, des **inégalités** dans l'offre de soins entre les régions demeurent, et on observe d'importantes **disparités de recours aux soins**, en France par exemple, notamment en ce qui concerne les soins les plus coûteux et les moins biens couverts.

2 Le rôle du marché dans la gestion de la santé

A La place du marché dans la gestion du système de santé

▶ Dans le cas d'une régulation marchande* du système de santé, des **assurances privées** en concurrence couvrent les risques liés à la santé. Le montant des cotisations et des remboursements dépend du contrat passé avec la compagnie d'assurances. Aux États-Unis, les médecins consultés, s'ils sont des médecins libéraux, doivent être agréés par les compagnies d'assurances, et sont même parfois salariés pour ces compagnies.

▶ Ces compagnies d'assurances peuvent être de type **mutualiste** : dans ce cas, leurs prestations et leurs prix ne sont pas proposés en fonction du profil de risque encouru par l'assuré.

▶ Malgré tout, **l'État peut intervenir** en proposant une protection pour les plus pauvres ou les plus âgés (respectivement *Medicaid* et *Medicare* aux États-Unis), ou encore en réglementant les marchés.

B Les problèmes posés par la régulation marchande

▶ Les compagnies d'assurances ne peuvent connaître parfaitement l'état de santé de leurs clients, et appliquent donc un niveau de cotisations moyen. Cela peut décourager ceux qui ont un profil de risque faible de s'assurer : c'est la **sélection adverse***. Des incitations pécuniaires* peuvent alors les encourager à le faire.

▶ Lorsqu'un assuré a signé un contrat avec sa compagnie d'assurances, il peut adopter des comportements qui augmentent les risques de santé, puisqu'il est certain d'être remboursé : c'est l'**aléa moral***. Cependant, ce phénomène n'est pas propre à la régulation par le marché.

CONCLURE

La gestion publique des systèmes de santé connaît des problèmes de financement. Cependant, la gestion marchande du système de santé risque de le rendre moins équitable.

Les réformes du financement de la protection sociale

10

(→ DÉPLIANT, III)

? QUIZ p. 25

Quelles sont les ressources de la protection sociale ? Comment financer les dépenses croissantes qu'elle entraîne ?

1 Les ressources de la protection sociale

A L'évolution du financement de la protection sociale

▶ En France, la **Sécurité sociale** actuelle a été fondée en 1945. Le projet était alors de mutualiser les risques encourus par les travailleurs. En 1958, l'**assurance chômage** est créée, complétant ainsi le dispositif de protection sociale.

▶ À l'origine, la protection sociale était principalement financée par les cotisations versées par les salariés et les employeurs sur les salaires.

▶ Mais depuis les années 1980, **les recettes de la protection sociale se sont diversifiées.** Ainsi, deux tiers des ressources de la protection sociale correspondent à un financement fiscal (constitué des cotisations sociales versées par les employeurs et les salariés d'une part, et des « impôts et taxes affectés » d'autre part), et le tiers restant provient des contributions publiques de l'État.

B Les causes de cette évolution

▶ Le système de protection sociale s'est construit sur le principe d'**assurances sociales**, les prestations sociales étant des revenus de remplacement.

▶ Mais il est devenu de plus en plus universel, car il doit assurer une **part accrue de solidarité**, qui vise à renforcer la cohésion sociale au profit de ceux qui en seraient exclus.

▶ L'évolution des prestations vers une universalité plus marquée a justifié une **participation plus importante de ressources publiques** (État et collectivités locales) au financement de la protection sociale, voire la création de **contributions nouvelles** comme la contribution sociale généralisée (CSG), impôt prélevé sur un ensemble de revenus.

2 Les réformes du financement de la protection sociale

A Les problèmes liés au financement de la protection sociale

▶ Les problèmes de financement de la protection sociale sont liés au **vieillissement de la population**, mais également à la persistance d'un **niveau de chômage élevé**. Le nombre de chômeurs non indemnisés augmente, ce qui a pour effet d'accroître les dépenses publiques, avec la création du revenu minimum d'insertion (RMI) en 1988, devenu le revenu de solidarité active (RSA) en 2009.

▶ La protection sociale reste principalement financée par les cotisations sociales versées sur les salaires, qui augmentent le coût salarial. Ce **coût salarial plus élevé** nuit à la compétitivité de l'économie nationale et à la création d'emplois.

B Les réformes mises en place

▶ L'aggravation du déficit de la protection sociale s'inscrit dans un **contexte de déficit public et d'endettement**, accentué par la crise de 2008. La volonté de réduire ce déficit amène les pouvoirs publics à agir, à la fois sur les dépenses et les recettes.

CHIFFRES CLÉS **En 2013, le déficit de la Sécurité sociale est de 12,5 milliards d'euros contre 13,3 milliards en 2012 et 17,4 milliards en 2011.**

▶ Un certain nombre de mesures ont été prises : **réforme des retraites**, **maîtrise des dépenses de santé**, et **élargissement du financement de la protection sociale** pour réduire la part provenant du travail.

▶ Depuis 2007, un débat a été lancé sur la nécessité de créer une **TVA (taxe à la valeur ajoutée) sociale**. Elle consiste à augmenter le taux de TVA pour que cet impôt puisse financer les dépenses sociales. L'objectif est de réduire le financement par les cotisations sur les salaires, et diminuer ainsi le coût salarial. Mais la hausse de la TVA est un sujet polémique, puisqu'elle serait supportée par les consommateurs, quel que soit leur niveau de revenu.

CONCLURE

Le déficit de la protection sociale appelle à des réformes de son financement. La baisse des dépenses et la modification de la structure des recettes constituent les principales caractéristiques de ces réformes.

? Quiz express

Vérifiez que vous avez bien retenu les points importants **fiches 7 à 10**

11

Cochez la ou les bonnes réponses.

1 *Le financement de la protection sociale*

Dans le système assurantiel :

- ☐ **a.** le financement est assuré par l'impôt
- ☐ **b.** tout citoyen peut bénéficier de la protection sociale
- ☐ **c.** le financement est assuré par les citoyens

2 *Les difficultés de ce financement*

	Vrai	Faux
1. Le progrès technique accroît les dépenses de la protection sociale.	☐	☐
2. Le chômage fait baisser les recettes de la protection sociale.	☐	☐
3. La hausse du ticket modérateur doit permettre de limiter les dépenses de la protection sociale.	☐	☐

3 *Les principes des régimes de retraite*

	Vrai	Faux
1. La retraite par répartition repose sur la solidarité intergénérationnelle.	☐	☐
2. Le vieillissement de la population entraîne une baisse du ratio de dépendance.	☐	☐
3. Le régime par capitalisation peut nuire à la cohésion sociale.	☐	☐

4 *Le rôle du marché dans la gestion de la santé*

La régulation par le marché du système de santé :

- ☐ **a.** est plus équitable que la gestion par les pouvoirs publics
- ☐ **b.** empêche toute intervention des pouvoirs publics
- ☐ **c.** peut décourager certains individus

5 *Les réformes du financement de la protection sociale*

Pour assurer le financement de la protection sociale, les pouvoirs publics ont :

- ☐ **a.** supprimé la retraite par répartition
- ☐ **b.** augmenté la part du financement assuré par l'impôt
- ☐ **c.** créé une TVA sociale

Corrigés !

Score : … / 9

1 *Le financement de la protection sociale*

Fiche 7

Aucune réponse n'est bonne. Le financement est assuré par les cotisations sociales des « assurés sociaux », c'est-à-dire les actifs occupant un emploi, et seuls ceux-ci peuvent bénéficier de la protection sociale.

2 *Les difficultés de ce financement*

Fiche 7

1. Vrai. Le progrès technique implique l'utilisation d'un matériel médical plus coûteux, ce qui entraîne une hausse du coût des soins et donc des remboursements.

2. Vrai. Seuls les actifs occupant un emploi cotisent.

3. Vrai. Le ticket modérateur représente la part des dépenses de santé à la charge du patient. Si cette part augmente, les assurés sociaux limitent leurs dépenses de soins.

3 *Les principes des régimes de retraite*

Fiche 8

1. Vrai. En effet, les actifs occupés, par leurs cotisations, financent les pensions de retraite.

2. Faux. Si la population vieillit, le nombre de personnes en âge d'être à la retraite augmente plus rapidement que le nombre de personnes en âge d'être actif, par conséquent le ratio augmente.

3. Vrai. Dans un régime par capitalisation, les pensions de retraite dépendent du rendement des placements des fonds de pension qui gèrent le capital des retraités. Pour améliorer ces rendements, il faut baisser les coûts salariaux.

4 *Le rôle du marché dans la gestion de la santé*

Fiche 9

Réponse c. Si le système de santé est régulé par le marché, les compagnies d'assurance pratiquent des tarifs impliquant un phénomène de sélection adverse.

5 *Les réformes du financement de la protection sociale*

Fiche 10

Réponse b. Pour préserver la compétitivité de l'économie, les pouvoirs publics ont créé de nouveaux impôts comme la contribution sociale généralisée (CSG).

Savoir faire **12**

Lire une pyramide des âges

La pyramide des âges représente la répartition de la population selon l'âge et le sexe à un moment donné. Comment l'interpréter ?

1 *Lire une pyramide des âges*

DOC. Pyramide des âges au 1er janvier 2014 en France (hors Mayotte)

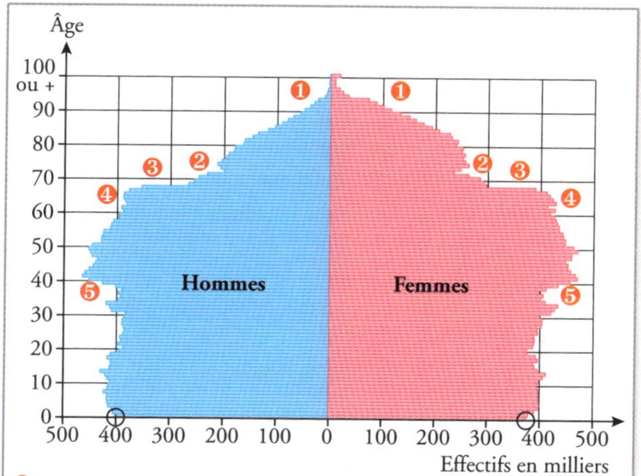

❶ Déficit des naissances dû à la guerre de 1914-1918 (classes creuses)
❷ Passage des classes creuses à l'âge de fécondité
❸ Déficit des naissances dû à la guerre de 1939-1945
❹ Baby-boom
❺ Fin du baby-boom

Source : INSEE.

▶ La pyramide des âges est constituée de deux **histogrammes renversés**. Le premier, celui de gauche, représente la population masculine, et le second, celui de droite, la population féminine.

▶ Sur l'**axe vertical** sont reportés les âges, et sur l'**axe horizontal** les effectifs de chaque sexe.

▶ On peut lire les données de la manière suivante (données entourées à la base de la pyramide) : selon l'INSEE, au 1er janvier 2014, il y a 400 000 garçons âgés de moins d'un an, et un peu moins de 400 000 filles du même âge.

2 Interpréter une pyramide des âges

▶ La forme de la pyramide nous donne des indications sur la **structure de la population par âges**. Ainsi, une pyramide en forme de parasol traduit une grande part de jeunes dans la population. C'est le cas des pays qui n'ont pas encore terminé leur transition démographique*, ou de ceux qui sont au début de leur transition. La pyramide de la France s'apparente plutôt à une ogive, indiquant la part de plus en plus importante des adultes, et ainsi la tendance au vieillissement de la population.

▶ Les irrégularités constatées dans la pyramide des âges retracent certains **événements démographiques**. Ainsi, le sommet effilé de la pyramide de la France correspond aux classes creuses de l'après-Première Guerre mondiale (disparition de nombreux pères potentiels). De même, le renflement des classes nées entre la fin des années 1940 et la fin des années 1960 correspond au baby-boom (forte augmentation de la fécondité après la Seconde Guerre mondiale).

▶ La pyramide des âges nous permet de faire des constats mais elle **ne peut donner l'explication de ces constats**. Ainsi, pour la pyramide de la France, on peut constater que le nombre de naissances masculines est supérieur à celui des filles, mais 30 ans plus tard le nombre de femmes est plus important que le nombre d'hommes. Pour être expliqué, ce constat nécessite d'autres données (mortalité par âge, accès aux soins différenciés des hommes et des femmes, etc.).

CONCLURE

La pyramide des âges permet d'étudier la répartition de la population par âge et peut être utilisée par les pouvoirs publics afin de prendre des mesures nécessitées par l'évolution de cette répartition, comme par exemple la création d'établissements accueillant des personnes âgées.

Sa

Sujet type bac 13

SUJET

Quel est l'impact des variables démographiques sur le régime de retraite par répartition en France ?

DOC. 1 Cotisants, retraités et rapport démographique du régime général

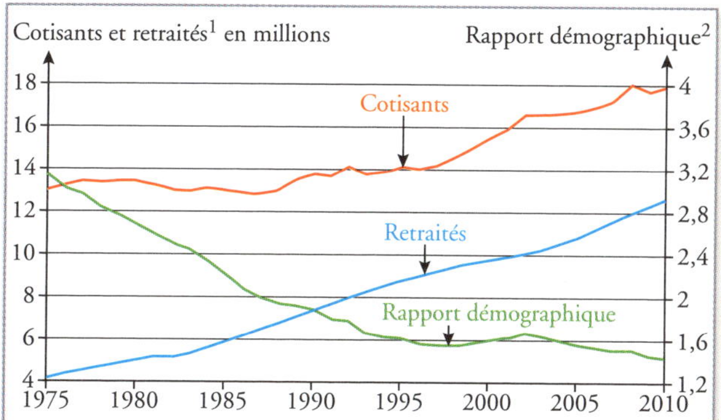

1. Effectifs au 31 décembre jusqu'en 1981, au 1er juillet à partir de 1982.
2. Nombre de cotisants rapporté au nombre de retraités.
Champ : France métropolitaine.

Source : INSEE, Tableaux de l'économie française, édition 2012.

DOC. 2

Les politiques menées au cours des vingt dernières années ont toutes visé la limitation des dépenses publiques de retraite. Ces réformes ont été décidées pour faire face au vieillissement de la population, et notamment à l'allongement de la durée de vie. Elles imposent un choix entre toucher des retraites plus basses plus longtemps ou bien travailler plus longtemps (et épargner) pour toucher des retraites plus élevées. Une autre solution – cotiser plus pour garantir des retraites de même niveau plus longtemps – semble avoir été exclue pour des raisons économiques. La baisse programmée des retraites publiques financées en répartition va sans doute impliquer à terme un retour de la pauvreté et des inégalités fortes chez les personnes âgées. [...]
Pour ceux qui en ont les moyens, cette baisse des retraites publiques appelle un complément par des retraites privées

financées en capitalisation. Elles sont censées mieux résister au déséquilibre démographique. En tout cas, elles permettent au gouvernement de faire porter sur la sphère privée les conséquences du choc démographique à venir.

Bruno Palier, *La Réforme des retraites*, Paris, PUF, collection Que sais-je ?, 2012.

CORRIGÉ

INTRODUCTION Dans un système par répartition*, les pensions de retraite sont financées par les cotisations des actifs occupés. Depuis les années 1990, en France, l'évolution des variables démographiques menace sa viabilité. Quels sont les effets de la démographie sur ce régime ?

1 L'évolution des variables démographiques menace l'équilibre financier du régime par répartition

▶ L'évolution de la population française se caractérise par son **vieillissement démographique*** (DOC. 2). On le doit à une baisse de la fécondité à partir des années 1970, puis à l'allongement de l'espérance de vie. Cette évolution entraîne une **baisse du rapport démographique** : il y avait 3,2 cotisants à la retraite pour 1 retraité en 1975, contre 1,4 environ en 2010 (DOC. 1).

▶ Cette progression plus rapide du nombre de retraités par rapport au nombre de cotisants se traduit par une remise en cause de l'**équilibre financier** du régime de retraite.

2 Les mesures adoptées

▶ Les **réformes successives** du régime de retraite en France tentent de **préserver** le système par répartition : allongement du temps de cotisation et âge de la retraite de 60 à 62 ans.

▶ Ces réformes risquent pourtant de provoquer une augmentation de la **pauvreté** parmi les retraités et d'accentuer les **inégalités**, car une part plus importante du système de retraite échappera à la logique publique de la répartition (DOC. 2).

CONCLUSION Le vieillissement de la population en France rend plus difficile le financement du système de retraite par répartition. Les réformes mises en œuvre menacent la cohésion sociale.

Suj typ

Les différents types de marché

14

QUIZ p. 39

Le marché est le lieu de rencontre entre l'offre et la demande d'un même produit. Quels sont les différents types de marché ?

1 Le marché de concurrence pure et parfaite

A Les conditions de la concurrence pure et parfaite

Dans l'analyse économique, il existe un modèle de marché idéal, le marché de concurrence pure et parfaite. Ce marché doit réunir cinq conditions :

Atomicité	Le marché est constitué d'une multitude d'offreurs et de demandeurs.
Homogénéité	Sur le marché s'échangent des produits de même qualité.
Libre entrée	Toute nouvelle entreprise voulant produire sur le marché peut le faire.
Transparence	Les agents économiques sont parfaitement informés sur la situation du marché.
Mobilité des facteurs	Le travail et le capital peuvent librement passer d'une activité à une autre.

B L'équilibre de marché

▶ Sur un marché de concurrence pure et parfaite, le prix fixé correspond à celui pour lequel l'offre est égale à la demande (→ FICHE 24). Ce prix, qualifié de **prix d'équilibre**, s'impose à tous les agents économiques (offreurs et demandeurs) qui interviennent sur ce marché : ils sont « **preneurs de prix** » (*price takers*).

▶ La théorie économique montre que le prix d'équilibre du marché de concurrence pure et parfaite correspond à un optimum, c'est-à-dire une situation de **satisfaction maximale** pour les agents économiques.

CITATION « La concurrence du marché, quand on la laisse fonctionner, protège le consommateur mieux que tous les mécanismes gouvernementaux venus successivement se superposer au marché. » M. Friedman, 1980

▶ De plus, l'allocation des ressources est optimale : les ressources productives sont utilisées de la manière la plus efficace possible.

2 Les marchés de concurrence imparfaite

A Les différents types de marché de concurrence imparfaite

▶ Aucun marché ne réunit toutes les conditions de la concurrence pure et parfaite. Dans la réalité, les entreprises définissent des stratégies qui visent à échapper à la concurrence pure et parfaite afin d'acquérir un **pouvoir de marché*** (→ FICHE 15).

▶ On peut distinguer trois types principaux de marché de concurrence imparfaite. Le premier est le **monopole*** avec un seul producteur rencontrant, sur le marché, une multitude de demandeurs. Le second est l'**oligopole***, qui réunit quelques offreurs et un nombre élevé de demandeurs. Enfin, la **concurrence monopolistique** est un marché avec une multitude de producteurs qui tentent chacun de conquérir une position de monopole en différenciant leur produit.

B L'équilibre de marché

▶ Sur les marchés de concurrence imparfaite, il ne peut y avoir d'équilibre optimal satisfaisant à la fois les consommateurs et les producteurs. Ces derniers sont avantagés car ils peuvent fixer des prix plus élevés que le prix d'équilibre, et bénéficient d'une **rente de monopole** car ils sont « **faiseurs de prix*** » (*price makers*). De plus, les producteurs n'ont pas intérêt à élever leur niveau de production. Cependant, sur certains marchés, l'État peut intervenir en incitant certaines entreprises à pratiquer des prix plus bas et un volume de production plus élevé.

▶ Pour certaines activités chères (production et distribution de gaz, d'électricité, etc.), les petites entreprises ne sont pas rentables. Seules les grandes entreprises peuvent rentabiliser la production et la distribution de ces activités, grâce aux économies d'échelles. Sur ces marchés, il est préférable d'avoir une seule entreprise qui est en situation de **monopole naturel**.

CONCLURE

Il existe un modèle de marché, celui de la concurrence pure et parfaite, mais il reste très éloigné de la réalité.

15 Les stratégies concurrentielles des entreprises

(→ DÉPLIANT, V)

? QUIZ p. 39

Pour réaliser un profit dans un environnement concurrentiel, les entreprises doivent adopter des stratégies concurrentielles.*

1 Les stratégies de prix

En principe, le prix est la principale information dont disposent les consommateurs sur un marché de concurrence et une baisse des prix entraîne une hausse de la consommation d'un bien.

A Les caractéristiques

▶ Pour lutter contre la concurrence, l'entreprise peut adopter une stratégie de prix en proposant des prix inférieurs à ceux des entreprises concurrentes sur le marché. L'entreprise cherche ainsi à accroître sa **compétitivité-prix**. Mais pour continuer à réaliser un profit, elle doit nécessairement diminuer ses coûts de production.

▶ La **baisse des coûts de production** peut être obtenue en augmentant le volume de la production, permettant des économies d'échelle grâce à la baisse du coût unitaire de production. L'entreprise peut également rationaliser son processus de production par une meilleure organisation du travail et une meilleure utilisation de ses capacités de production.

B Les limites

▶ Une baisse des prix peut entraîner une « **guerre des prix** » qui se traduit parfois par des **pertes** pouvant obliger les entreprises à abandonner le marché. De plus, la **volatilité des goûts** des consommateurs incite les entreprises à continuellement innover, ce qui entraîne des coûts importants et difficiles à maîtriser.

▶ L'environnement économique lié à la demande ou à l'apparition de nouveaux concurrents évolue de plus en plus rapidement, ce qui suppose une très grande **flexibilité dans les choix**

> CHIFFRES CLÉS L'entrée de Free sur le marché de la téléphonie mobile, en janvier 2012, a entraîné une baisse moyenne des prix sur les forfaits de 12,7 % en 2012 et une hausse de la consommation de 6,6 %.

stratégiques des entreprises. Une stratégie de prix peut ainsi s'avérer rapidement insuffisante pour obtenir un avantage concurrentiel.

2 *Les stratégies de différenciation*

A Les caractéristiques

▶ La stratégie de différenciation des produits consiste à offrir des produits qui se singularisent par rapport à ceux des concurrents. Ce sont les caractéristiques du produit qui attirent les consommateurs et non pas son prix. On parle alors de **compétitivité structurelle ou « hors-prix »**.

▶ Il existe plusieurs **facteurs de différenciation des produits** : la qualité, le conditionnement, les services accompagnant la vente, et l'effet d'image. Cette stratégie doit fidéliser les consommateurs et constituer une **barrière à l'entrée*** pour les concurrents potentiels. Cette stratégie de différenciation peut également procurer un profit plus important dans la mesure où le consommateur accepte de payer un prix plus élevé pour le produit.

B Les limites

▶ Toutes les activités ne se prêtent pas à une stratégie de différenciation. Ainsi, si pour les produits du **secteur de la mode ou du luxe**, la différenciation peut constituer un atout sur le marché, ce n'est pas le cas pour les produits banalisés.

▶ La stratégie de différenciation repose sur des **compétences spécifiques** que le consommateur reconnaît à l'entreprise. Si celles-ci ne justifient pas la différence de prix pratiquée par l'entreprise, ou encore si l'élément de différenciation se banalise ou est imité, l'entreprise ne pourra plus maintenir sa part de marché.

CONCLURE

Afin d'accroître leur profit, les entreprises mettent en œuvre deux stratégies principales : les prix et la différenciation des produits. Mais ces stratégies connaissent certaines limites.

Les stratégies de prix du monopole discriminant

16

QUIZ p. 39

Un monopole discriminant est une situation de monopole sur le marché dans laquelle un produit est vendu à des prix différents.*

1 Les caractéristiques des monopoles discriminants

A Le monopole discriminant

▶ La discrimination par le prix est une pratique qui consiste à fixer **différents prix pour le même bien** (ou pour plusieurs biens similaires). On peut trouver comme exemples de discrimination par le prix les tarifs étudiants, les tarifs dégressifs, les rabais ou encore les coupons.

▶ La discrimination du premier degré introduit une discrimination parfaite : chaque consommateur achète chaque unité de bien **en fonction de ses ressources.**

▶ La notion de discrimination du second degré indique que le prix payé par chaque consommateur **dépend du volume acheté.**

▶ La discrimination du troisième degré correspond à une discrimination **par segments ou classes de consommateurs**, identifiables *a priori*.

B Les conditions du monopole discriminant

▶ La première condition qui permet au monopole de pratiquer une tarification discriminante est l'impossibilité pour un acheteur de revendre le bien : on parle de « **non-transférabilité** » des produits. Il s'agit d'empêcher les consommateurs disposant des prix les plus bas de concurrencer le monopole dans l'approvisionnement des autres consommateurs (billets de train achetés bon marché non échangeables).

▶ Alors que dans le cas général le monopole ne connaît que la demande globale, le monopole discriminant doit avoir une **information parfaite sur la demande des consommateurs** pour pratiquer la discrimination par les prix, soit à des consommateurs individuels soit à des segments de consommateurs (taux d'utilisation d'un équipement sportif collectif, par exemple).

2 Les effets des monopoles discriminants

A Monopole discriminant et redistribution

▶ En principe, sur un marché de monopole, le prix de monopole entraîne un transfert de revenus en faveur du producteur et au détriment du consommateur, car il est plus élevé que celui du marché concurrentiel*. Mais la discrimination par les prix a des **effets redistributifs**, car elle avantage certains consommateurs qui ne pourraient acquérir un bien s'il était vendu au prix moyen de monopole. Dans certains cas, cet effet redistributif peut justifier l'existence du monopole public.

▶ La discrimination permet également au monopole d'**élargir son offre** et ainsi d'**accroître son profit** (cartes de fidélité, par exemple).

▶ Ainsi, le monopole discriminant peut avoir la **même efficacité qu'un marché de concurrence pure et parfaite** satisfaisant à la fois les consommateurs et les producteurs (optimum de marché).

B Monopole discriminant et tarification sociale

▶ Le secteur des **télécommunications** a connu ces dernières années deux mutations majeures : technologique (passage à l'ère numérique) et institutionnelle (passage d'une régulation s'apparentant à celle d'un monopole public à une régulation par la concurrence). Ces changements entraînent une redéfinition de la tarification qui allie **équité sociale et efficacité économique** (tarification sociale pour l'accès à Internet mise en place en 2011).

▶ La possibilité d'accéder au **transport intérieur** est devenue un droit depuis les années 1980, et ce droit a été réaffirmé par la loi Solidarité et renouvellement urbain (SRU) en 2000. Tout bénéficiaire de la couverture médicale universelle complémentaire doit ainsi bénéficier d'une réduction (au moins 50 %) dans les transports urbains : le transport urbain collectif devient un monopole discriminant.

CONCLURE

Il existe plusieurs types de discrimination par les prix.
La politique tarifaire de certains monopoles peut s'inscrire dans un contexte de redistribution des richesses.

Les barrières à l'entrée

17

QUIZ p. 39

Les barrières à l'entrée sont les obstacles que doit surmonter une entreprise désirant pénétrer un marché.

1 Les barrières à l'entrée naturelles

A Les différents types de barrières à l'entrée naturelles

Les barrières à l'entrée* naturelles sont liées à la structure du marché et sont donc indépendantes de la volonté des producteurs.

▶ C'est le cas lorsque des **coûts fixes élevés** découragent les entrants potentiels : l'aéronautique, par exemple, demande d'importantes dépenses en recherche-développement au démarrage.

▶ C'est aussi le cas lorsque, pour certains types de production comme le transport ferroviaire, **les rendements sont fortement croissants**. Pour des questions de rentabilité, une seule entreprise est en situation de monopole naturel (→ FICHE 14).

B Les conséquences des barrières à l'entrée naturelles

Ces défaillances du marché peuvent justifier l'intervention de l'État, notamment lorsqu'un monopole naturel fixe un prix d'un niveau contraire à l'intérêt général.

▶ D'une part, l'État peut **fixer des prix inférieurs** à ceux du marché car le monopole, grâce aux économies d'échelles, produit à un coût inférieur à l'entreprise concurrentielle. Le prix de vente alors administré par l'État constitue une nouvelle barrière à l'entrée. En France, par exemple, les prix de l'eau et de l'électricité sont administrés.

▶ D'autre part, l'État peut **créer des monopoles publics** s'il estime que certains biens ou services doivent être fournis à la collectivité à des prix inférieurs à ceux pratiqués par un monopole privé. Dans ce cas, le monopole public ne maximise pas son profit. C'est le cas, en France, de la SNCF.

2 Les barrières à l'entrée artificielles

A Les différents types de barrières à l'entrée artificielles

Les entreprises déjà présentes sur le marché peuvent construire des barrières à l'entrée par stratégie (→ FICHE 15).

▶ Pour évincer les nouveaux arrivants sur le marché, le monopole menacé peut **vendre à un prix inférieur au coût de production**, quitte à faire momentanément des pertes, ou fixer un prix inférieur à celui qui maximiserait son profit.

▶ Il peut également disposer de **capacités de production excédentaires** lui permettant d'accroître rapidement le volume de sa production et de réduire le prix de vente.

▶ Enfin, il peut investir massivement dans le marketing, la publicité ou l'innovation d'un produit pour **fidéliser les consommateurs** et empêcher les nouveaux entrants d'obtenir leur adhésion. C'est le cas pour les articles de sport.

B Les conséquences des barrières à l'entrée artificielles

▶ L'existence de barrières à l'entrée artificielles favorise les situations de monopole qui ne sont **pas optimales pour le consommateur**. Celui-ci se trouve dans l'obligation de payer un prix supérieur au prix de concurrence et ne peut bénéficier d'une pluralité de choix, ce qui peut avoir des effets négatifs sur la qualité des produits.

▶ Cependant, certaines barrières à l'entrée stratégiques peuvent se justifier. Par exemple, les innovations impliquent des dépenses qui ne peuvent être rentabilisées immédiatement. C'est la raison pour laquelle des **brevets** ou des **licences d'exploitation** protègent temporairement les entreprises innovantes.

▶ Pour garantir le libre fonctionnement du marché et protéger le consommateur, les pouvoirs publics doivent ainsi empêcher l'existence de barrières à l'entrée stratégiques, notamment par la mise en œuvre de **politiques de concurrence*** (→ FICHE 19).

CONCLURE

On distingue deux types de barrières à l'entrée.
Les premières sont naturelles car indépendantes de la volonté des producteurs ; les secondes sont artificielles car le résultat de stratégies concurrentielles d'entreprises.

Quiz express

Vérifiez que vous avez bien retenu les points importants **fiches 14 à 17**

18

Cochez la ou les bonnes réponses.

1 Les différents types de marché

	Vrai	Faux
1. Sur un marché de concurrence pure et parfaite, les agents économiques sont *price takers*.	☐	☐
2. Le monopole est un marché imparfait.	☐	☐
3. La concurrence monopolistique repose sur la différenciation des produits.	☐	☐

2 Les stratégies concurrentielles

Les stratégies de différenciation des produits :

☐ a. visent à constituer une barrière à l'entrée
☐ b. consistent à baisser les coûts de production
☐ c. entraînent un prix plus élevé que le prix d'équilibre

3 La discrimination par les prix

La discrimination par les prix :

☐ a. connaît plusieurs formes
☐ b. permet aux consommateurs d'acheter des produits en fonction de leurs ressources
☐ c. permet aux consommateurs de revendre les biens qu'ils ont acquis à un prix inférieur

4 Les effets des monopoles discriminants

Le monopole discriminant :

☐ a. permet d'avoir des prix moins élevés
☐ b. a des effets redistributifs
☐ c. ne permet pas l'optimum de marché

5 Les barrières à l'entrée

	Vrai	Faux
1. L'existence de barrières à l'entrée naturelles remet en cause l'analyse de la supériorité du marché pour réguler l'activité économique.	☐	☐
2. Fixer un prix inférieur au coût de production est une barrière à l'entrée naturelle.	☐	☐
3. Les barrières à l'entrée sont non optimales.	☐	☐

Corrigés !

Score : ... / 10

1 Les différents types de marché

Fiche 14

1. Vrai. Sur le marché de concurrence pure et parfaite se forme un prix d'équilibre qui s'impose à tous les agents économiques.

2. Vrai. Le monopole ne permet pas de fixer un prix d'équilibre permettant une utilité maximale pour les consommateurs.

3. Vrai. Sur un marché de concurrence monopolistique, il y a un grand nombre de producteurs mais chacun offre un produit différent de celui des autres producteurs.

2 Les stratégies concurrentielles

Fiche 15

Réponses a et c. En offrant un produit différent, le producteur acquiert une position de monopole.

3 La discrimination par les prix

Fiche 16

Réponse a. On distingue trois types de discrimination par le prix. La première : chaque consommateur achète chaque unité de bien en fonction de ses ressources ; la deuxième : le prix payé par chaque consommateur dépend du volume acheté ; la troisième : les prix sont différents en fonction des classes de consommateurs.

4 Les effets des monopoles discriminants

Fiche 16

Réponse b. La discrimination par les prix peut avoir des effets redistributifs, car elle avantage certains consommateurs qui ne pourraient acquérir un bien vendu au prix moyen de monopole.

5 Les barrières à l'entrée

Fiche 17

1. Vrai. L'existence de barrières à l'entrée naturelles favorise des situations de monopoles naturels qui peuvent porter préjudice aux consommateurs. Les politiques de la concurrence sont alors nécessaires à la régulation du marché.

2. Faux. Cela peut faire partie de la stratégie concurrentielle d'une entreprise afin d'éliminer la concurrence.

3. Vrai. Les barrières à l'entrée favorisent les situations de monopole. Le plus souvent, le prix est plus élevé que le prix de concurrence et la qualité du produit peut être incertaine, ce qui réduit l'utilité du consommateur.

Qu'est-ce qu'une politique de la concurrence ? 19

QUIZ p. 49

Quel est le rôle de la politique de la concurrence et comment est-elle mise en œuvre ?

1 Les objectifs

A Garantir le libre fonctionnement du marché

▶ Source de compétition entre les producteurs, la concurrence incite à l'effort et à la recherche constante d'une **meilleure compétitivité**, obligeant les entreprises à innover et à accroître leur productivité.

▶ Pourtant, l'application des principes concurrentiels conduit à l'élimination des firmes les moins performantes et à la constitution de marchés oligopolistiques, voire monopolistiques (→ FICHES 14 à 17), souvent économiquement moins efficaces.

▶ La politique de la concurrence* est donc un moyen de **protéger la libre concurrence** et réguler le marché. Elle se définit comme l'ensemble des institutions et des réglementations juridiques garantissant le respect des principes concurrentiels.

B Protéger les consommateurs

▶ En assurant l'exercice d'une libre concurrence entre les entreprises, la politique de la concurrence a comme objectif d'assurer le **bien-être des consommateurs.**

CITATION « Les membres d'une même corporation se rencontrent rarement, mais quand cela arrive, la conversation ne tarde pas à tourner à la conspiration contre le public, ou à une manipulation des prix. » A. Smith, 1776

▶ À la différence des marchés oligopolistiques et monopolistiques, un marché concurrentiel* dynamise la compétition entre les entreprises dont les effets sont, en principe, favorables aux consommateurs (**prix plus faible, meilleure qualité et plus grande diversité des produits**).

2 Les modalités

A Champs d'action et instruments

▶ La politique de la concurrence menée par l'Union européenne et les États recouvre principalement trois champs d'action.

• Elle contrôle **l'évolution des structures de marché** en évitant qu'une entreprise n'accède à une position de monopole*, ou encore en luttant contre les abus de position dominante*.

• Elle contrôle **les accords entre entreprises** qui fausseraient le libre jeu de la concurrence, par exemple, la mise en place d'un cartel de producteurs*.

• Dans le cadre d'accords internationaux (Union européenne, Organisation mondiale du commerce), les autorités de la concurrence* surveillent **l'attribution par les États d'aides ou de subventions** aux entreprises (→ FICHE 21).

▶ Les organismes publics ont à leur disposition de multiples **instruments de prévention et de répression** : amendes, accords préalables ou interdictions pour certaines opérations de concentration, et sanctions pénales dans les situations les plus graves. En 2014, la Commission européenne a condamné cinq fournisseurs automobiles à verser une amende de 953 millions d'euros pour entente.

B Les difficultés de mise en œuvre

▶ Pour contrôler correctement certaines opérations de concentration, il est essentiel de parvenir à caractériser le **marché pertinent***. Un des critères de délimitation du marché est la substituabilité de la demande (l'accès des consommateurs à des produits de substitution ou à d'autres fournisseurs).

▶ Une autre limite réside dans la capacité des entreprises à dissimuler les **stratégies d'ententes.** Il s'agit alors pour les autorités de la concurrence de démontrer l'existence d'accords passés secrètement entre plusieurs entreprises.

▶ Enfin, les politiques de la concurrence peuvent entrer en contradiction avec d'autres politiques économiques, notamment la **politique industrielle** lorsqu'il s'agit de contribuer au développement de grandes entreprises nationales, les « champions nationaux ».

CONCLURE

La politique de la concurrence vise à garantir la libre concurrence sur le marché. Cependant, cette politique s'avère difficile à mettre en œuvre.

Politique de la concurrence et action de l'État

20

(→ DÉPLIANT, VIII)

? QUIZ p. 49

En quoi les récentes évolutions de la politique de la concurrence affectent-elles l'action de l'État ?

1 *La politique de la concurrence au cœur des interventions de l'État*

A Les caractéristiques de la politique de la concurrence

▶ En instituant un **ensemble de règles juridiques**, la politique de la concurrence* détermine à la fois les conditions de fonctionnement des marchés et les comportements de l'ensemble des agents économiques : les consommateurs, les producteurs et l'État.

▶ La politique de la concurrence interfère fortement avec la façon dont l'État remplit ses fonctions économiques et mène certaines de ses **politiques économiques**. Ainsi, la production de biens publics dépend largement du degré d'ouverture à la concurrence des marchés publics.

▶ De la même façon, la **politique industrielle** est soumise à la politique de la concurrence. Par exemple, dans le cadre européen, l'interdiction de certaines aides publiques modifie les modalités de soutien au secteur industriel national.

B Les évolutions récentes : l'exemple des services publics

▶ La volonté d'accélérer le processus d'intégration des États membres de l'Union européenne a conduit à la mise en œuvre de **politiques de déréglementation***, d'ouverture à la concurrence des marchés publics nationaux, et de privatisation. Conformément aux principes libéraux, il s'agit de remettre en cause les monopoles* publics jugés économiquement inefficaces.

▶ Ces politiques sont à l'origine d'une redéfinition par la Commission européenne de la notion de service public en distinguant :
– les **services d'intérêt économique général** (SIEG) qui doivent être soumis à la régulation marchande*, les producteurs pouvant être des entreprises privées ou publiques (télécommunications, électricité) ;

– les **services d'intérêt général** (SIG) qui autorisent une régulation non marchande et l'intervention de l'État (santé, éducation, défense).

2 *Une redéfinition du périmètre d'action de l'État*

A Les effets de la politique de la concurrence

▶ Ces choix de politique économique sont interprétés par certains comme une victoire du « dogme de la concurrence ». Ils conduisent à une forte réduction du périmètre d'action de l'État au profit d'un **accroissement de la régulation marchande**, dont les conséquences sont jugées globalement négatives (conception plus étroite du service public, inégalités d'accès, perte d'emploi, dégradation de la sécurité, changement de statut pour les salariés).

▶ Cette libéralisation entraîne une **concurrence entre producteurs** que certains économistes qualifient de destructrice, qui se traduit par l'élimination des entreprises les moins performantes et par la constitution d'oligopoles* privés peu propices à la baisse des prix.

▶ Face à ces critiques, la Commission européenne oblige certains producteurs à proposer un **service universel** conçu comme une prestation minimale accessible à des conditions tarifaires abordables (télécommunications, service postal, transport ferroviaire, etc.).

B Le renouvellement de l'action de l'État

▶ Toutes ces évolutions conduisent donc à des mutations importantes de l'action de l'État qui perd de nombreux domaines d'intervention. Il devient le simple **promoteur** d'un renforcement de la concurrence dans des secteurs dans lesquels il était traditionnellement un producteur en situation de monopole.

▶ L'État délègue enfin sa fonction de **régulation de ces secteurs** au profit d'autorités administratives indépendantes (Conseil de régulation de l'énergie, Autorité de régulation des communications électroniques et des postes, etc.).

CONCLURE

L'évolution des politiques de la concurrence tend à réduire le rôle de l'État, notamment dans le cadre de l'Union européenne.

La politique de la concurrence en France et dans l'Union européenne 21

(→ DÉPLIANT, VII ET VIII)

? QUIZ p. 49

Quelles institutions gèrent la politique de la concurrence en France et en Europe ?

1 *L'organisation de la politique de la concurrence en France*

A L'émergence d'une politique de la concurrence

DATE CLÉ La première institution en charge de la concurrence, en France, a été mise en place en 1953.

▶ La politique de la concurrence* française ne se développe véritablement que dans les années 1980. En 1986 est créé le Conseil de la concurrence qui partage la responsabilité de la politique de la concurrence* avec la Direction générale de la concurrence, de la consommation et de la répression des fraudes.

▶ La loi de modernisation de l'économie promulguée en 2008, en instaurant l'**Autorité de la concurrence** (2009), marque une nouvelle étape dans la mise en œuvre d'une politique de la concurrence en France.

B Les compétences de l'Autorité de la concurrence

▶ Comme le Conseil de la concurrence, l'Autorité de la concurrence est une instance administrative **indépendante.** En revanche, elle dispose d'un **champ de compétences** beaucoup plus **large** :
– décision d'actions répressives face à des pratiques anticoncurrentielles ;
– contrôle préalable des opérations de concentration (fusions-acquisitions) ;
– pouvoir d'auto-saisine sur les enquêtes à mener ;
– rôle consultatif, rendant des avis et recommandations auprès du gouvernement, du Parlement, des collectivités territoriales, des organisations professionnelles ou des consommateurs.

▶ Son action s'inscrit aussi bien dans le cadre de la **législation nationale** que dans celui de la **législation communautaire.** L'Autorité de la concurrence est ainsi membre du Réseau européen de la concurrence, comprenant la Commission européenne ainsi que les instances chargées du contrôle de la concurrence au sein des États membres de l'Union européenne.

2 La politique de la concurrence dans l'Union européenne

A Les principales caractéristiques de la politique européenne de la concurrence

▶ La politique européenne de la concurrence occupe une place très importante dans les politiques européennes. Dès le traité instituant la Communauté européenne du charbon et de l'acier (CECA, 1951), les mesures discriminatoires faussant la concurrence entre les pays ont été proscrites. Le traité de Rome (1957), puis le traité de l'Union européenne (1992) ont par la suite consolidé cette approche.

▶ La politique européenne de la concurrence est mise en œuvre par la **Commission européenne**. Outre les objectifs traditionnels de toute politique de la concurrence, la Commission européenne veille à la libéralisation des secteurs économiques sous monopole* et contrôle les aides des États qui faussent la concurrence.

B La politique européenne de la concurrence en débat

▶ Les caractéristiques de la politique européenne de la concurrence marquent une croyance forte dans les vertus d'une **régulation marchande des activités économiques** (→ FICHE 19) pour renforcer l'intégration des économies des pays membres et dynamiser la croissance.

▶ Cette politique est néanmoins soumise à de **vives critiques**. Cette opposition s'est manifestée en France lors du référendum sur le projet de traité constitutionnel européen en 2005. La libéralisation des monopoles publics est perçue comme une remise en cause des services publics, et l'interdiction des aides publiques comme un abandon du pouvoir des États au profit des lois du marché (→ FICHE 20).

CONCLURE

En France, la politique de la concurrence est de la responsabilité de l'Autorité de la concurrence. Dans l'Union européenne, la Commission européenne veille au maintien de la concurrence entre les pays membres.

La politique de la concurrence en pratique

22

(→ DÉPLIANT, VII ET VIII)

? QUIZ p. 49

Comment s'exerce concrètement la politique de la concurrence en France et en Europe ?

1 Le contrôle de l'évolution des structures de marché

A L'abus de position dominante : le cas emblématique de Microsoft

Les condamnations successives de Microsoft par la Commission européenne illustrent la mise en œuvre de la politique de concurrence* à travers le contrôle des **abus de position dominante***.

▶ En position de quasi-monopole, cette firme a été condamnée en 2004 par la Commission européenne à verser une **amende** de près de 500 millions d'euros pour avoir tenté d'empêcher le développement de logiciels alternatifs à ses propres produits.

▶ En 2008, la Commission a estimé que le montant des redevances de licence demandées par Microsoft était trop élevé, et a condamné la société à verser une amende de 899 millions d'euros.

▶ En 2009, Microsoft a trouvé un **accord*** avec la Commission européenne en acceptant d'élargir le choix des navigateurs Internet sur son système d'exploitation.

B Le contrôle des opérations de concentration

▶ Afin d'éviter la création d'une position dominante, la Commission européenne n'a accepté la **fusion entre Total Fina et Elf Aquitaine** qu'à la condition que la nouvelle entité vende 70 stations-services à la concurrence.

▶ Le **rachat par TF1 des chaînes de télévision TMC et NT1** a été autorisé après enquête par l'Autorité de la concurrence, sous réserve de plusieurs engagements en matière de publicité, d'acquisition des droits et de programmation, pour que l'opération n'entraîne pas un affaiblissement des autres chaînes.

2 Le contrôle des accords entre entreprises

A Les sanctions envers les ententes

▶ Le Conseil de la concurrence a révélé en 2005 une entente entre trois opérateurs de téléphonie mobile français, **Orange, SFR et**

Bouygues Telecom, visant à se répartir le marché. Ces entreprises ont été condamnées à verser une amende.

▶ En 2009, l'Autorité de la concurrence a sanctionné les sociétés de travail temporaire **Adecco, Manpower et Vedior-Bis** à verser une amende pour avoir mis en place une entente (coordination de leur politique commerciale et tarifaire).

B Le contrôle des exclusivités : l'exemple de l'« iPhone »

▶ Saisie en 2008 par Bouygues Télécom qui contestait l'**exclusivité conclue entre Orange et Apple** pour la commercialisation du téléphone mobile « iPhone », l'Autorité de la concurrence a décidé, dans un premier temps, de supprimer cette exclusivité.

▶ Par la suite, elle a reçu des propositions d'engagements de la part d'Apple et d'Orange et a recueilli les observations des tiers intéressés.

▶ Enfin, moyennant plusieurs réaménagements, elle a accepté les engagements proposés et a clos définitivement la procédure contentieuse.

3 *Le contrôle des aides accordées par les États*

▶ En considérant qu'il s'agissait d'une distorsion de concurrence, la Commission européenne s'est opposée au **versement par les autorités allemandes d'une aide à Volkswagen**.

▶ La Commission européenne considère que les aides publiques et le respect de la concurrence sont compatibles lorsqu'elles sont destinées à compenser un sous-développement local, un sous-emploi, un choc économique local, ou encore à protéger l'environnement. Ainsi, elle a accepté le **versement d'aides de la part du gouvernement espagnol en faveur du développement des PME du tourisme** dans la région de Doñana, au Sud de l'Espagne.

CONCLURE

De nombreux exemples récents montrent l'intensité de l'action des autorités chargées de mettre en œuvre la politique de la concurrence.

Quiz express

Vérifiez que vous avez bien retenu les points importants **fiches 19 à 22**

23

Cochez la ou les bonnes réponses.

1 Les objectifs de la politique de la concurrence

La politique de la concurrence vise à :

☐ a. protéger les entreprises
☐ b. protéger les consommateurs
☐ c. favoriser le développement des politiques industrielles

2 Les modalités de la politique de la concurrence

	Vrai	Faux
1. Un cartel de producteurs est un accord entre entreprises.	☐	☐
2. Les pays de l'Union européenne peuvent verser des subventions à leurs entreprises.	☐	☐
3. Il est possible d'interdire certaines opérations de concentration.	☐	☐

3 Services publics et politique de la concurrence

Dans l'Union européenne, la politique de la concurrence a pour objectif de :

☐ a. supprimer les monopoles publics
☐ b. interdire toute régulation non marchande
☐ c. supprimer les entreprises publiques

4 La politique de la concurrence en France

En France, l'Autorité de la concurrence :

☐ a. n'a qu'un rôle consultatif
☐ b. dépend de la Commission européenne
☐ c. ne contrôle pas les opérations de concentration

5 La politique de la concurrence en pratique

	Vrai	Faux
1. La Commission européenne ne peut pas condamner une entreprise.	☐	☐
2. L'Autorité de la concurrence peut autoriser des opérations de concentration.	☐	☐
3. La Commission européenne interdit toute aide publique à des entreprises.	☐	☐

Corrigés !

Score : … / 9

1 *Les objectifs de la politique de la concurrence* — Fiche 19

Réponse b. La politique de la concurrence a pour objectif de maintenir la concurrence sur le marché, d'où des prix moins élevés et des produits de meilleure qualité.

2 *Les modalités de la politique de la concurrence* — Fiche 19

1. **Vrai.** Dans un cartel, les producteurs s'entendent pour fixer des prix. Ils peuvent également se partager un marché.

2. **Faux.** Dans le cadre de l'Union européenne, la Commission européenne interdit toute subvention de l'État à ses entreprises.

3. **Vrai.** Toute opération de concentration doit être autorisée par la Commission européenne dans l'Union européenne.

3 *Services publics et politique de la concurrence* — Fiche 20

Réponse a. L'Union européenne a pour objectif de remettre en cause les monopoles publics jugés inefficaces. Elle définit un nouveau cadre pour les services publics (SIEG et SIG).

4 *La politique de la concurrence en France* — Fiche 21

Aucune réponse n'est bonne.
Depuis 2009, l'Autorité de la concurrence fait appliquer la politique de la concurrence en France. Elle a un rôle consultatif mais aussi répressif.

5 *La politique de la concurrence en pratique* — Fiche 22

1. **Faux.** La Commission européenne peut condamner une entreprise pour abus de position dominante. Ainsi, elle a condamné Microsoft à verser des amendes en 2004 et 2008.

2. **Vrai.** L'Autorité de la concurrence peut autoriser des opérations de concentration, mais en imposant certaines conditions. Par exemple, le rachat par TF1 des chaînes de télévision (TMC et NT1) n'a été autorisé qu'à condition que TF1 prenne un certain nombre d'engagements, notamment dans le domaine de la publicité.

3. **Faux.** Dans certaines situations, la Commission européenne peut autoriser le versement d'aides à des entreprises par un gouvernement. C'est le cas dans un cadre de chômage élevé ou de lutte pour la préservation de l'environnement.

Savoir faire 24

Lire des courbes d'offre et de demande

Comment les quantités offertes et demandées varient-elles en fonction des prix ?

1 Lire et interpréter une courbe d'offre

A Lire une courbe d'offre

▶ La courbe d'offre représente la quantité d'un bien qu'une entreprise est disposée à vendre en fonction du prix. En principe, lorsque le prix augmente, les quantités offertes augmentent également : l'offre est une **fonction croissante des prix.**

▶ On peut établir une relation entre la quantité offerte (q) et le prix (p) représentée de la manière suivante :

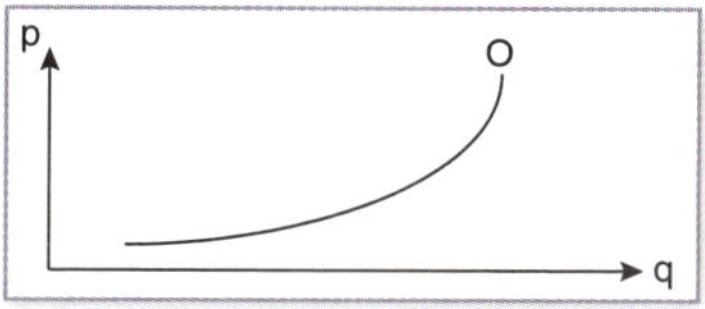

On peut remarquer, en se déplaçant sur la courbe O, que les prix et les quantités augmentent dans le même sens.

B Interpréter une courbe d'offre

▶ Mesurer l'élasticité-prix de l'offre consiste à calculer de combien varie l'offre lorsque le prix augmente. Par exemple, si le prix augmente de 1 %, et si les quantités offertes augmentent alors de plus de 5 %, on dira que l'offre est fortement élastique au prix. À l'inverse, si les quantités offertes ne varient quasiment pas, on dit que l'offre est peu élastique au prix.

▶ L'élasticité de l'offre par rapport au prix représente le rapport entre la variation de l'offre et la variation des prix (en pourcentages).

▶ À court terme, **l'offre est en général peu élastique au prix.** C'est le cas par exemple des logements, ou encore des productions agricoles.

2 *Lire et interpréter une courbe de demande*

A Lire une courbe de demande

▶ Par demande du consommateur, on entend le volume d'un certain bien que le consommateur désire acheter dans un cadre de concurrence pure et parfaite.

▶ On peut construire une courbe de demande qui représente les quantités demandées en fonction de la variation des prix :

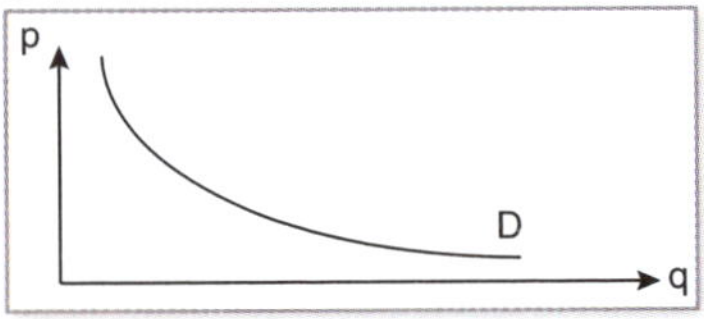

Ici, on remarque que lorsqu'on se déplace sur la courbe, **les prix et la demande varient en sens inverse.**

B Interpréter une courbe de demande

▶ De la même manière que l'on calcule l'élasticité-prix de l'offre, on calcule l'élasticité-prix de la demande. De manière générale, **l'élasticité-prix de la demande est négative.** En effet, lorsque le prix d'un bien augmente, le consommateur en achète une quantité moins importante.

▶ L'élasticité de la demande par rapport au prix représente le rapport entre la variation de la demande en pourcentage et la variation des prix en pourcentage.

▶ Si la demande est inélastique, cela signifie qu'une forte variation du prix n'entraîne qu'une faible variation des quantités demandées : c'est le cas des produits de première nécessité comme les produits alimentaires.

CONCLURE

Les courbes d'offre et de demande varient en fonction des prix. L'importance de la variation dépend de leur élasticité par rapport aux prix.

Sa

SUJET

Sujet type bac 25

Comment la politique de la concurrence vise-t-elle à favoriser la croissance économique ?

DOC. 1 Prix du transport aérien[1] selon les caractéristiques du marché[2]

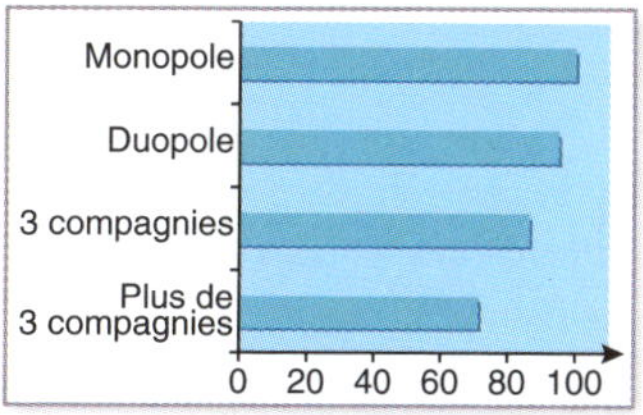

Source : Ministère de l'économie, des finances et de l'emploi, 2007.

1. Lignes aériennes de moins de 2 500 km en classe économique.
2. Base 100 : prix du billet en situation de monopole.

DOC. 2

Une grande partie de la politique européenne se manifeste dans les secteurs en voie de libéralisation : les modalités de la régulation dans le secteur des télécommunications ou dans celui de l'énergie conditionnent assez largement la construction d'un marché européen intégré et efficient. Toutes ces actions publiques, en contraignant le comportement des entreprises, en infléchissant les règles du jeu concurrentiel, ou en instaurant de façon délibérée de nouvelles structures de marché, ont une incidence très grande sur la dynamique des économies et sont ainsi devenues des éléments essentiels des politiques de croissance. L'un des aspects majeurs de cet ensemble est la politique de la concurrence : en garantissant le respect des règles du jeu concurrentiel, la politique de la concurrence limite certes les possibilités stratégiques des entreprises en leur interdisant la mise en œuvre de certains comportements, mais leur permet aussi d'agir dans un environnement caractérisé par la sécurité juridique et économique [...].

Anne Perrot, « La politique de la concurrence contribue-t-elle à la croissance économique ? », *Économie Publique*, n° 12, 2003.

CORRIGÉ

INTRODUCTION La politique de la concurrence* occupe désormais une place importante dans les politiques économiques des pays industrialisés. L'objectif général de ce type de politique est d'assurer « le respect des règles du jeu concurrentiel » (DOC. 2) afin de dynamiser la croissance.

1 La lutte contre les stratégies anticoncurrentielles...

La politique de la concurrence recouvre principalement trois champs d'action.

▶ Premièrement, le contrôle de l'évolution des **structures de marché** pour éviter qu'une entreprise n'accède à une position dominante sur un marché.

▶ Deuxièmement, le contrôle d'**accords entre entreprises** qui fausseraient le libre jeu de la concurrence.

▶ Troisièmement, dans le cadre d'accords internationaux (UE, OMC), les autorités chargées du contrôle de la concurrence* surveillent l'attribution par les États d'**aides** ou de **subventions** aux entreprises.

2 ... permet la création d'un environnement favorable à la croissance

▶ L'analyse de l'évolution du prix du transport aérien selon le nombre de compagnies présentes sur le marché atteste de la relation de causalité entre accroissement de la concurrence et baisse de prix (DOC. 1). La concurrence entre producteurs permet aux consommateurs et aux entreprises de bénéficier de prix plus faibles et donc de **consommer davantage**, ce qui est favorable à la croissance économique (DOC. 2).

▶ Les **innovations** réalisées par les entreprises sont aussi un moyen d'accroître leur compétitivité hors-prix. En outre, le contrôle des aides et des mesures de protection des marchés intérieurs que les États sont tentés de mettre en œuvre garantit aux entreprises l'accès à de nouveaux marchés.

CONCLUSION La politique de la concurrence améliore les conditions de l'offre et de la demande. En cela, elle permet de dynamiser la croissance économique. Mais l'intensification de la concurrence a des effets parfois néfastes sur l'emploi.

Suj
typ

Les marchés de capitaux

26

(→ DÉPLIANT, IX)

QUIZ p. 65

Les marchés de capitaux servent au financement de l'économie. Quelles sont leurs principales caractéristiques ?

1 Les différents types de marchés de capitaux

Les marchés de capitaux* sont les marchés sur lesquels s'échangent les offres et les demandes de capitaux. On distingue deux types de marchés de capitaux.

A Le marché monétaire

Le marché monétaire est un lieu d'échange de capitaux **à court et à moyen terme** : les emprunts de capitaux peuvent s'inscrire sur une durée de 24 heures à 7 ans. Depuis la réforme bancaire de 1986, il comprend deux compartiments.

▶ Le **marché interbancaire** (ou marché monétaire au sens étroit) est réservé aux banques et à quelques institutions financières. Il leur permet de placer des liquidités ou d'en obtenir en échange de titres de court terme (opérations de refinancement).

> CHIFFRE CLÉ Le taux EURIBOR est le taux d'intérêt sur le marché interbancaire. Pour les opérations de prêts d'un an, ce taux est, en juin 2014, de 0,550 %.

▶ Le **marché des titres de créances négociables** est ouvert aux agents non financiers. Ce marché permet d'acheter ou de vendre des titres de créances négociables (bons du Trésor émis par l'État, certificats de dépôts émis par les établissements financiers, billets de trésorerie ou bons à moyen terme émis par les entreprises).

B Le marché financier

▶ Le marché financier* est le marché sur lequel s'échangent des capitaux **à long terme** : les emprunts de capitaux se font sur une durée supérieure à 7 ans. Les échanges concernent des valeurs mobilières, c'est-à-dire des **actions** (titres de propriété d'une fraction du capital d'une entreprise) et des **obligations** (titres de créances sur des valeurs mobilières émis par des entreprises ou l'État).

▶ Le marché des actions et le marché obligataire comprennent :
– un **marché primaire** sur lequel les agents qui ont un besoin de financement (entreprises, État) émettent de nouveaux titres ;
– un **marché secondaire** sur lequel s'échangent des titres déjà émis.

2 Les caractéristiques des marchés financiers

A Les acteurs des marchés financiers

▶ Les marchés financiers occupent désormais une place prépondérante dans le financement de l'économie. Nous sommes ainsi passés d'une **économie d'endettement** (situation où les banques et le crédit bancaire constituent les sources principales) à une **économie de marchés financiers**.

▶ De nouveaux produits et de nouveaux acteurs financiers ont émergé (→ FICHE 29). Ainsi, à côté des intermédiaires financiers traditionnels que sont les banques et les établissements de crédit, le poids des **investisseurs institutionnels** (surnommés les « zinzins ») s'est très fortement accru. Ces « zinzins » sont principalement des compagnies d'assurance, des fonds spéculatifs…

B Les fonctions des marchés financiers

Les marchés financiers ont **cinq fonctions**.

▶ En rémunérant l'épargne*, la finance permet de transférer des ressources dans le temps.

▶ La diversification des placements réduit les risques inhérents à la détention d'un seul type de produit financier.

▶ Les marchés financiers sont des lieux de collecte de l'épargne disponible pour financer des investissements.

▶ Les marchés financiers produisent des informations (via la cotation des titres) sur la qualité des emprunteurs.

▶ Les marchés financiers doivent assurer le paiement des transactions réalisées.

CONCLURE

Les marchés de capitaux comprennent le marché monétaire et le marché financier. Ils sont devenus les principaux lieux de financement de l'activité économique.

Le marché des changes

27

(→ DÉPLIANT, IX)

QUIZ p. 65

Le marché des changes est le lieu sur lequel s'échangent des devises, c'est-à-dire des avoirs libellés en monnaie étrangère. Quelles sont ses principales caractéristiques ?

1 Le marché des changes

A À quoi sert le marché des changes ?

▶ Comme il n'existe pas de monnaie internationale unique, toute transaction économique entre deux pays différents implique une **opération de change entre deux monnaies nationales**.

▶ Le **taux de change** exprime le prix d'une monnaie par rapport à une autre ; il résulte de l'évolution des offres et demandes de devises* les unes par rapport aux autres. Par exemple, l'euro s'apprécie par rapport au dollar si la demande en euros augmente comparativement à celle du dollar.

▶ Le marché des changes* a **trois fonctions principales**.

- La première est de rendre possible l'échange de devises.
- Il permet également aux agents de se prémunir (ou se couvrir) contre un risque de change (perte de capital liée à une variation du cours d'une devise). L'opération consiste à acheter à terme : on achète aujourd'hui alors que la vente effective aura lieu plus tard.
- Elles peuvent aussi relever d'une logique spéculative, lorsque les agents économiques anticipent l'évolution future du cours des monnaies à des fins de plus-value financière.

B Un marché dématérialisé, mondial et intégré

▶ Le marché des changes est un lieu fictif. Les opérations qui y sont réalisées sont complètement **dématérialisées**.

▶ En raison des décalages horaires, le marché des changes fonctionne en continu. Toutes les places financières, interconnectées par des systèmes informatiques, proposent les mêmes produits et fonctionnent selon les mêmes techniques. Il s'agit donc d'un seul et unique **marché mondial et intégré**.

▶ Le montant des échanges effectués est considérable. Selon la Banque des règlements internationaux (BRI), le montant des échanges quotidiens en 2013 s'élève à 5 300 milliards de dollars.

C Les acteurs du marché des changes

▶ Les particuliers (entreprises, ménages) n'ont pas directement accès au marché des changes. Les opérations de change sont conduites par des **cambistes** (ou opérateurs de change) qui agissent pour le compte de grandes banques internationales ou de firmes multinationales.

▶ Les **banques centrales** interviennent également sur le marché des changes pour contrôler l'évolution du taux de change de leur monnaie.

2 *Les principaux régimes de change*

▶ Dans un **régime de change fixe**, les taux de change sont fixés par des accords entre pays. Ils sont définis par rapport à un étalon (l'or, une monnaie, un panier de monnaies). Les autorités monétaires de chaque pays ont l'obligation d'intervenir sur le marché des changes en utilisant leurs réserves de change pour vendre ou acheter des devises, afin d'assurer la parité fixée entre chaque monnaie. De nouveaux accords peuvent conduire à une dévaluation ou à une réévaluation d'une monnaie.

▶ Dans un **régime de change flottant** (ou flexible), le taux de change des monnaies résulte uniquement du jeu de l'offre et de la demande sur le marché des changes.

▶ En 1976, les accords de la Jamaïque officialisent le principe d'un régime de change flottant **au niveau mondial**. Certains pays ont souhaité maintenir entre leurs monnaies des taux de change fixes ou semi-fixes (fixation d'une parité de référence avec des marges de fluctuation). C'est le cas des pays membres du Système monétaire européen (SME), système qui constituera l'une des étapes de l'adoption de l'euro.

CONCLURE

Le marché des changes a un rôle essentiel dans le règlement des échanges internationaux ; c'est un marché intégré au niveau mondial.

Les variations du taux de change et leurs effets

28

? QUIZ p. 65

Quels sont les facteurs de variation du taux de change d'une monnaie ? Et quels sont les effets de l'évolution du taux de change ?

1 *Les facteurs de variation du taux de change*

A La détermination du taux de change

Le taux de change d'une monnaie est fixé sur le marché des changes* par le **jeu de l'offre et de la demande.** Lorsque la demande en euros augmente, toutes choses égales par ailleurs, alors l'euro s'apprécie par rapport aux autres devises*.

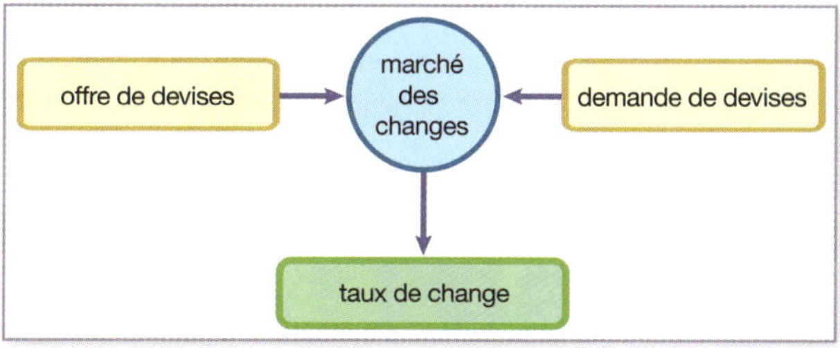

B Les principaux facteurs de détermination de l'offre et de la demande d'une monnaie

▶ En considérant que la valeur d'une monnaie est liée à la quantité de biens ou de services qu'elle permet de se procurer, le différentiel du taux de change devrait refléter les **différences de prix** entre deux pays.

▶ Le taux de change dépend également des **résultats du commerce extérieur.** Toutes choses égales par ailleurs, un déficit du commerce extérieur d'un pays se traduit sur le marché des changes par une demande plus faible de sa monnaie.

▶ Des taux d'intérêt élevés attirent des **capitaux étrangers**, stimulant ainsi la demande de monnaie du pays considéré. En effet, les épargnants peuvent placer leur épargne* dans n'importe quel pays en fonction du principe de libre circulation des capitaux (→ FICHE 29).

▶ L'offre et la demande d'une devise sont aussi liées aux **phénomènes spéculatifs** qui orientent les comportements des opérateurs de marché.

2 Les conséquences de l'évolution du taux de change

L'appréciation et la dépréciation d'une monnaie ont des effets symétriques.

▶ L'appréciation d'une monnaie se traduit, toutes choses égales par ailleurs, par une **baisse du prix des importations** (favorable à la désinflation) et par une **dégradation de la compétitivité des entreprises nationales** (il faut plus de devises pour obtenir une même quantité de monnaie nationale).

▶ Certaines politiques dites de « **monnaie forte** » visent à favoriser l'appréciation de la monnaie. Les effets attendus sont les suivants :

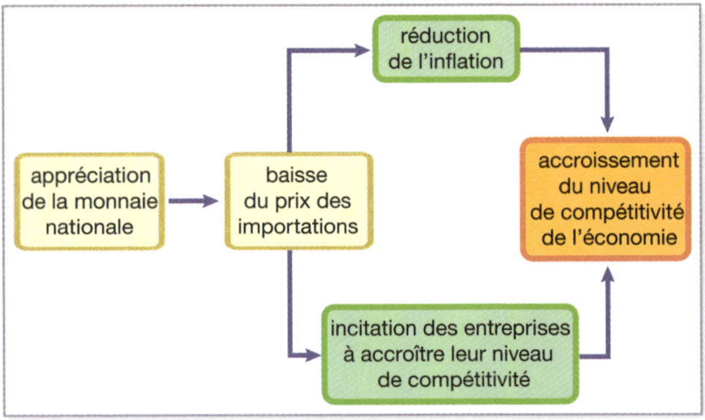

▶ Toutefois, ces politiques peuvent avoir des **effets économiques et sociaux négatifs** : des taux d'intérêt élevés pour attirer les capitaux étrangers peuvent occasionner des pertes d'emploi (au moins à court terme) liées à la recherche de gains de compétitivité.

CONCLURE

Pour une économie nationale, le taux de change de sa monnaie est une donnée économique très importante, car il influence son degré de compétitivité et les résultats de son commerce extérieur.

La globalisation financière

29

(→ DÉPLIANT, IX)

QUIZ p. 65

Qu'est-ce que la globalisation financière ? Quelles sont les conséquences de ce processus ?

1 *Le processus de globalisation financière*

La globalisation financière* est un processus d'interconnexion des marchés de capitaux* nationaux contribuant à la naissance d'un **marché de capitaux unifié au niveau mondial**, fonctionnant en continu et en instantané.

A L'origine de la globalisation financière

La globalisation financière, aujourd'hui considérée comme un phénomène inéluctable, résulte d'un ensemble de décisions politiques adoptées dans les années 1980. Celles-ci ont entraîné trois évolutions majeures à l'origine de la globalisation financière. Elles sont traditionnellement présentées selon la règle des « 3 D ».

> DATE CLÉ **En 2009, le traité de Lisbonne institue la libre circulation des capitaux entre pays de l'UE et pays tiers.**

▶ La **déréglementation*** : suppression d'un ensemble de réglementations qui encadraient les activités financières (suppression du contrôle des changes, privatisation du secteur bancaire, fin de l'encadrement du crédit, etc.).

▶ Le **décloisonnement*** : ouverture des marchés nationaux et éclatement des compartiments à l'intérieur d'un même marché (ouverture du marché monétaire, création de nouveaux titres financiers, etc.).

▶ La **désintermédiation*** : passage progressif d'une économie d'endettement (intermédiation financière*) à une économie de marchés financiers*. Cela signifie que les entreprises se financent de plus en plus souvent directement sur les marchés financiers, au lieu d'avoir recours à des crédits bancaires.

B L'explosion des flux financiers

▶ La globalisation financière a engendré une explosion des flux financiers au niveau mondial. Selon la BRI, la finance représente en 2006 plus de 400 % du PIB mondial.

▶ Ces flux financiers sont de plus en plus souvent déconnectés de l'évolution des besoins de l'**économie réelle** (production, échanges commerciaux). Par exemple, le montant quotidien des opérations de change est cent fois plus élevé que celui du commerce mondial de biens et de services.

2 Les conséquences de la globalisation financière

A L'émergence de nouveaux produits financiers

▶ Le développement des **marchés de produits dérivés** résulte de la volonté des investisseurs de se prémunir contre l'instabilité ou la volatilité des marchés que la globalisation financière amplifie (variation des taux de change, du cours des titres, du prix des matières premières, etc.).

▶ Un produit dérivé est un contrat dont la valeur « dérive » selon celle d'un actif (actions, devises*) ou d'un indice boursier. Ce contrat permet notamment d'**acheter à terme** (c'est-à-dire dans le futur) un autre actif à un prix déterminé à l'avance. Le marché des produits dérivés contribue donc au développement de logiques spéculatives (spéculation sur la hausse du dollar, par exemple).

▶ La **titrisation*** constitue une autre innovation financière visant à réduire les risques. Elle consiste à transformer une créance en titres négociables sur un marché. Ainsi, une banque peut vendre une dette contre un actif financier*.

B La montée en puissance de nouveaux acteurs

▶ L'accroissement des flux financiers internationaux contribue aussi au développement de nouveaux acteurs : les **investisseurs institutionnels.** Ils regroupent notamment des fonds de pension, des fonds de placement et des sociétés d'assurances.

▶ Depuis les années 1990, d'autres organismes sont également plus présents sur les marchés financiers, comme les **fonds de couverture** (*hedge funds*).

▶ Par leur gestion à court terme, ces fonds sont souvent accusés de **renforcer les phénomènes spéculatifs.**

CONCLURE

La globalisation financière a profondément modifié les règles de la finance internationale en favorisant l'émergence de nouveaux produits et de nouveaux acteurs.

Globalisation financière et croissance économique

30

QUIZ p. 65

Dans quelle mesure la globalisation financière est-elle source de croissance économique ?

1 *La globalisation financière, facteur de croissance économique*

A Un accroissement et une meilleure allocation des ressources

La libéralisation et l'intégration croissante des marchés de capitaux* permettent aux offreurs et aux demandeurs de bénéficier de **conditions plus avantageuses.**

▶ Du côté des **offreurs de capitaux**, les innovations financières (produits dérivés, titrisation*) garantissent une meilleure protection contre les risques, et l'ouverture des marchés de capitaux nationaux les fait bénéficier de placements plus rémunérateurs.

▶ Les **demandeurs de capitaux** profitent d'un accroissement des capitaux disponibles (l'augmentation de la taille du marché) et de prêts moins coûteux (plus de concurrence entre les prêteurs).

CHIFFRES CLÉS Le nombre d'individus fortunés dans le monde a augmenté de 1,76 million en 2013, tandis que leur capacité d'investissement a connu une hausse de près de 14 %, atteignant un niveau record de 52 620 milliards de dollars US.

B Une information plus complète

▶ La libéralisation des marchés de capitaux et leur unification rapprochent leur mode de fonctionnement de celui d'un **marché de concurrence pure et parfaite.** Cette propriété doit permettre à l'ensemble des acteurs de bénéficier de toutes les informations disponibles. Le prix, fixé selon la loi de l'offre et de la demande, doit donc traduire toutes les informations connues.

▶ Dans ces conditions, on considère que **le marché est efficient**, c'est-à-dire que les prix des actifs financiers* ne dépendent que de leur valeur fondamentale (par exemple, pour une action : rendement attendu, risque encouru).

▶ Plus efficients dans l'allocation des ressources et dans la formation des prix, les marchés de capitaux remplissent mieux leur fonction première de **financement des activités productives**, et ce faisant dynamisent la croissance économique.

2 *Une efficience à nuancer*

A L'existence d'asymétries d'information

▶ On en distingue principalement deux types :
– la **sélection adverse*** ou l'anti-sélection, lorsque le manque d'information rend impossible la détermination exacte des risques associés à chaque agent ; cette situation implique la fixation d'une prime de risques plus élevée que s'il y avait une information parfaite (taux d'intérêt plus élevé, par exemple) ;
– l'**aléa moral***, lorsque le fait d'être garanti auprès d'un autre agent (comme une compagnie d'assurances) contre un événement particulier accroît la prise de risque et augmente ainsi les chances de réalisation de cet événement.

▶ Les **économistes d'inspiration keynésienne**, en considérant qu'il existe des asymétries d'information fondamentales entre les prêteurs et les emprunteurs, contestent l'efficience des marchés financiers*. En effet, ces asymétries d'information limitent la capacité des marchés à évaluer correctement la valeur des actifs et à allouer les capitaux de façon optimale.

B Un accroissement des incertitudes

▶ Les asymétries d'information renforcent l'incertitude, ce qui peut conduire les agents à adopter des comportements mimétiques* propices à l'apparition de **bulles spéculatives**.

▶ La valeur des actifs financiers n'est alors plus déterminée par les fondamentaux économiques, mais par les **anticipations** des opérateurs.

▶ Ces logiques spéculatives sont à l'origine de l'instabilité des marchés et des **crises financières*** (→ FICHE 32) dont les effets nuisent à la croissance économique.

CONCLURE

Les effets de la globalisation financière demeurent incertains, notamment parce qu'il existe sur les marchés financiers des asymétries d'information.

Quiz express

Vérifiez que vous avez bien retenu les points importants **fiches 26 à 30**

31

Cochez la ou les bonnes réponses.

1 *Les marchés de capitaux*

	Vrai	Faux
1. Le marché monétaire est un marché de capitaux.	☐	☐
2. Le marché interbancaire permet aux banques de se refinancer auprès de leurs clients.	☐	☐
3. Les actions sont des titres de créance.	☐	☐

2 *Les régimes de change*

Dans un régime de change flottant :

☐ **a.** les monnaies peuvent être dévaluées

☐ **b.** le taux de change d'une monnaie évolue en fonction de l'offre et de la demande de devises

☐ **c.** il n'y a pas de marges de fluctuation

3 *Les conséquences d'une variation du taux de change*

	Vrai	Faux
1. L'appréciation du taux de change permet de réduire l'inflation.	☐	☐
2. La dépréciation du taux de change favorise la compétitivité-prix de l'économie nationale.	☐	☐
3. Des taux d'intérêt élevés entraînent la dépréciation du taux de change.	☐	☐

4 *Les conséquences de la globalisation financière*

La globalisation financière a pour effet de :

☐ **a.** favoriser la spéculation

☐ **b.** limiter l'innovation financière

☐ **c.** favoriser l'unification des marchés de capitaux

5 *Les limites de la globalisation financière*

Les asymétries d'informations sur le marché financier :

☐ **a.** favorisent l'apparition de bulles spéculatives

☐ **b.** entraînent une baisse des taux d'intérêt

☐ **c.** nuisent à la croissance économique

Corrigés

Score : ... / 12

1 Les marchés de capitaux

Fiche 26

1. Vrai. Le marché monétaire est un marché de capitaux à court et moyen terme.

2. Faux. Le marché interbancaire est réservé aux banques.

3. Faux. Les actions sont des titres de propriété d'une société anonyme. Les actionnaires perçoivent des dividendes.

2 Les régimes de change

Fiche 27

Réponses b et c. Dans un régime de change flottant, le taux de change varie continuellement en fonction de l'offre et de la demande de devises sur le marché des changes. Comme il n'y pas de parité fixée par une autorité internationale ou nationale, il n'est pas nécessaire de fixer des marges de fluctuations.

3 Les conséquences d'une variation du taux de change

Fiche 28

1. Vrai. L'appréciation du taux de change favorise la baisse des prix des biens importés, d'où une baisse des coûts de production et un ralentissement de l'inflation.

2. Vrai. Les prix des biens exportés baissent alors que ceux des importations augmentent.

3. Faux. Si le taux d'intérêt d'un pays augmente, les épargnants vont placer leur épargne dans ce pays et demander la monnaie nationale correspondante sur le marché des changes.

4 Les conséquences de la globalisation financière

Fiche 29

Réponses a et c. Grâce à la globalisation financière, les investisseurs institutionnels vont réaliser des gains sur les différences de taux de change, selon une logique spéculative.

5 Les limites de la globalisation financière

Fiche 30

Réponses a et c. Les asymétries d'informations signifient que tous les agents économiques ne disposent pas d'une information parfaite sur le marché. Ils adoptent le même comportement sur le marché des capitaux et provoquent ainsi l'apparition de bulles spéculatives. De plus, des risques plus élevés impliquent des taux d'intérêt plus élevés, d'où le ralentissement de la croissance.

Les crises financières

32

(→ DÉPLIANT, XI)

? QUIZ p. 75

Qu'est-ce qu'une crise financière et quelle en est la mécanique ?

1 *La diversité des crises financières*

▶ Dans une acception large, le terme de crise financière* désigne des **turbulences** importantes sur les marchés bancaires et financiers, qui se manifestent par une chute du prix des actifs financiers*, et (ou) par la défaillance d'institutions financières ou non financières.

▶ On observe depuis les années 1980 une multiplication des crises financières, qui peuvent prendre des **formes diverses.**

Type de crise financière	Caractéristiques	Exemples
Krach boursier	effondrement du cours de titres financiers lié à l'éclatement d'une bulle spéculative	• krach boursier de 1987 • « e-krach » en 2000
Crise de change	baisse rapide du cours d'une ou de plusieurs monnaies	• crise du Système monétaire européen (SME) en 1992-1993 • crise asiatique de 1997
Crise bancaire	faillites d'établissements financiers susceptibles d'en déclencher d'autres	• faillite du *hedge fund* LTCM en 1998 • faillite de la banque d'investissement multinationale Lehman Brothers en 2008

▶ Ces distinctions demeurent néanmoins un peu artificielles dans la mesure où ces différentes formes de crises sont **fréquemment associées.** Par exemple, un krach boursier peut entraîner la faillite d'établissements financiers, et réciproquement.

2 *Caractéristiques et mécanique des crises financières*

Les crises financières reposent finalement sur un petit nombre de mécanismes, mais leur combinaison peut être originale.

▶ Les crises financières ont un **caractère procyclique** : c'est l'essor qui entraîne la crise.

▶ Les cycles financiers ont plusieurs phases.

a. Phase d'essor : une innovation financière stimule l'optimisme des agents, favorisant l'augmentation du prix des actifs financiers.

b. Phase d'euphorie : l'augmentation du prix des actifs attire de nouveaux investisseurs, leur comportement mimétique* engendre une bulle spéculative.

c. Phase de retournement : la spéculation accroît la vulnérabilité des marchés financiers* (montée des asymétries d'information), l'apparition d'un choc exogène ou endogène (incertitude politique, manque de liquidité, faillite d'un opérateur, etc.) et peut finalement provoquer un krach.

d. Phase de contagion : le mimétisme des comportements accentue le risque systémique*. Par exemple, une rumeur de faillite d'une banque incite les épargnants à retirer leurs fonds, ce qui augmente effectivement le risque de faillite. On parle alors de prophéties auto-réalisatrices. Progressivement, la contagion s'étend à l'économie réelle.

e. Phase de retour de la confiance : face à un risque systémique, seule une intervention des pouvoirs publics peut restaurer la confiance ; à terme, un nouveau cycle démarre.

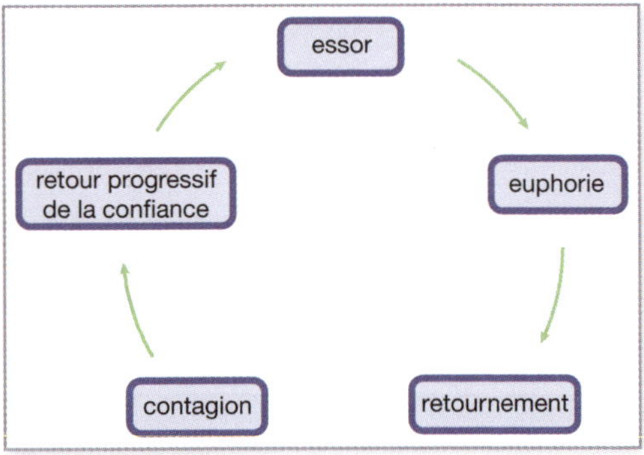

CONCLURE

Les crises financières ont des formes diverses, mais reposent souvent sur les mêmes mécanismes économiques.

Les conséquences des crises financières

33

QUIZ p. 75

Comment les crises financières affectent-elles l'économie réelle ?

1 *Effets des crises financières sur les revenus et les capacités d'emprunt des agents*

A Une perte de richesse des agents économiques

▶ L'effondrement des cours des titres engendre un **effet de richesse négatif**. Par exemple, si le cours d'une action diminue de 50 euros, cela se traduit pour son détenteur par une perte de revenu potentiel et affecte donc défavorablement les niveaux de consommation et d'investissement des ménages et des entreprises.

▶ La baisse des cours dégrade aussi la **structure financière des entreprises** en diminuant la valeur de leurs actifs financiers*.

▶ L'entreprise dont le cours de l'action chute devient plus vulnérable à la concurrence et court le risque d'être **rachetée par un concurrent**, *via* un raid boursier ou une offre publique d'achat (OPA).

B Une restriction des conditions d'accès au crédit

Le crédit est un autre canal de transmission des crises financières* à la sphère réelle.

▶ Les déséquilibres et l'incertitude consécutifs à la crise incitent les intermédiaires financiers à **durcir les conditions d'accès au crédit**, notamment en augmentant les taux d'intérêts.

▶ Les **capacités d'investissement, de consommation et d'emprunt** de l'ensemble des agents économiques (État, ménages, entreprises) sont donc limitées.

2 *Ralentissement de la production et intervention des pouvoirs publics*

A Ralentissement de la production, chômage et anticipations pessimistes

▶ En modifiant l'arbitrage revenu-consommation et en contractant les possibilités de financement de l'investissement, les crises financières affectent négativement le niveau de la production, et en conséquence celui de l'emploi.

▶ Ces difficultés économiques génèrent des **anticipations pessimistes** qui entament les chances de reprise (augmentation de l'épargne de précaution par exemple).

▶ Tous ces phénomènes s'auto-alimentent et entraînent de nombreux déséquilibres macroéconomiques. Un **cercle vicieux** peut alors s'instaurer :

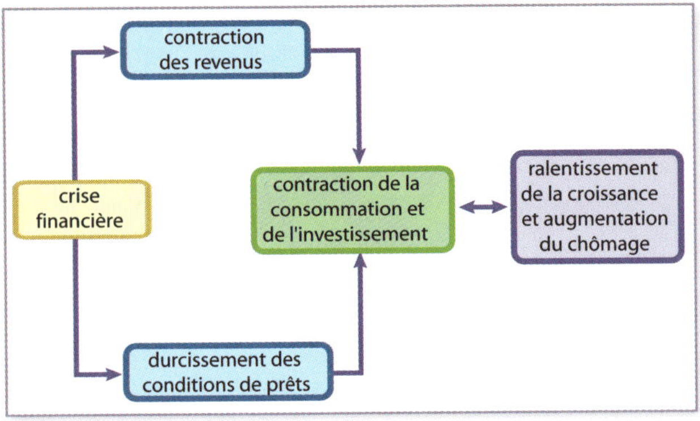

B L'intervention des pouvoirs publics

▶ Face aux risques de récession, l'État peut intervenir en menant des **politiques conjoncturelles de relance** de l'activité économique.

CHIFFRE CLÉ **En Europe, les différents plans nationaux mis en place pour lutter contre les effets de la crise financière se chiffrent à 1 700 milliards d'euros en octobre 2008.**

▶ Il peut également adopter des **plans de soutien et de sauvetage pour les banques** les plus fragilisées par la crise.

▶ La Banque centrale joue également un rôle essentiel pour garantir la liquidité des marchés de capitaux et la **stabilité bancaire et financière.**

CONCLURE

Les crises financières ne se cantonnent pas à la sphère financière, elles ont des conséquences significatives sur l'économie réelle.

La crise des *subprimes*

34

QUIZ p. 75

Quelles sont les causes et les conséquences économiques de la crise des subprimes ?

1 La mécanique de la crise des subprimes

A Le principe des crédits *subprimes*

▶ Les crédits *subprimes* sont des **prêts hypothécaires à risque** accordés à des emprunteurs ne présentant pas toutes les garanties de solvabilité habituellement exigées.

▶ Ces crédits, très avantageux pour les ménages les plus modestes, sont cependant **à taux variables** et garantis par une hypothèque (en cas de défaut de paiement, la banque peut vendre le bien hypothéqué).

B Le déclenchement de la crise

▶ La hausse des taux d'intérêt a entraîné une hausse de la charge des crédits, d'où une augmentation des défaillances des emprunteurs. Les banques ont alors procédé à la revente de nombreux biens immobiliers, précipitant une **crise du marché de l'immobilier**. La baisse des prix de l'immobilier a engendré des pertes importantes du côté des banques.

▶ La faillite de la banque Lehman Brothers a joué un rôle de catalyseur en provoquant, par effet de contagion, une **crise de confiance au niveau mondial** et l'insolvabilité de nombreux établissements financiers et non financiers. Les conséquences ont été considérables : resserrement des crédits, faillites, krach boursier.

C La titrisation à l'origine de la contagion de la crise

▶ La titrisation* des crédits *subprimes* est à l'origine de la contagion de la crise à l'ensemble du système bancaire et financier mondial. Pour éviter de conserver des crédits très risqués, les banques ont choisi de les titriser, c'est-à-dire de les transformer en **titres négociables** pour les revendre à d'autres opérateurs en proposant des rendements élevés.

▶ Mais ces acheteurs, attirés par ces perspectives de profit, n'ont pas toujours véritablement eu **connaissance de la nature des titres**

acquis. Le retournement du marché immobilier et l'augmentation des défauts de paiement ont donc provoqué une réaction en chaîne, fragilisant de nombreux acteurs financiers à l'échelle mondiale.

▶ Initialement conçue pour mieux répartir les risques, la crise des *subprimes* révèle toutes les limites de la titrisation : une information incomplète entraîne une **mauvaise évaluation des risques.**

2 Les effets de la crise financière

A Une contraction de l'activité économique

▶ Par les canaux de transmission classiques (→ FICHE 32), la crise financière* s'est rapidement transformée en une réelle **crise économique.**

▶ Dès la fin de l'année 2008, la plupart des pays développés sont entrés en **récession**, le volume du commerce mondial s'est contracté, le chômage et les déficits publics ont fortement augmenté.

B Les interventions des pouvoirs publics

▶ L'ampleur de la crise a obligé les pouvoirs publics à intervenir vigoureusement, tout d'abord par la mise en place de plans de sauvetage des banques et plus largement du système financier international. Il s'agit notamment des **actions concertées** des banques centrales des pays développés (injection de liquidités, facilités de paiement accordées aux banques, baisse des taux d'intérêt, etc.).

▶ Les États ont mené des politiques de **relance budgétaire** pour soutenir l'activité. Mais ces politiques ont creusé les déficits publics. Depuis, les États se heurtent à la méfiance des marchés qui doutent de la « soutenabilité » de leur endettement. Ils adoptent alors des **politiques de rigueur**, là où certains économistes affirment que la conjoncture appelle au maintien des mesures budgétaires de relance.

▶ La crise financière a donc aussi eu pour effet de **renforcer la vulnérabilité des États** face aux marchés financiers.

CONCLURE

La crise des *subprimes* est un révélateur de l'instabilité de la finance libéralisée et internationalisée, mais aussi de la vulnérabilité des pouvoirs publics en période de crise.

Acteurs, enjeux et instruments de la régulation financière

35

(→ DÉPLIANT, XI)

? QUIZ p. 75

La multiplication des crises financières suggère un renforcement de la régulation des marchés financiers. Quels sont les acteurs, les enjeux et les instruments de la régulation financière ?*

1 Les principales institutions en charge de la régulation financière

A Les institutions internationales

Au niveau international, la régulation du système financier international repose principalement sur trois institutions.

▶ Le **Fonds monétaire international** (FMI), créé en 1944, doit selon son mandat promouvoir la coopération monétaire internationale et assumer un rôle de prévention et de gestion des crises financières*. Son action a été importante dans la gestion de la crise des *subprimes*.

▶ La **Banque des règlements internationaux** (BRI), créée en 1930, doit faciliter la coopération des banques centrales nationales dans le domaine financier.

▶ La **Banque mondiale** s'occupe principalement de l'aide au financement des pays en développement.

B Les institutions nationales et régionales

▶ Au niveau national, les banques centrales et organismes de contrôle des marchés financiers ont également une action de régulation des activités financières. En France, l'**Autorité des marchés financiers** (AMF), organisme indépendant créé en 2003, a pour mission de contrôler le bon fonctionnement des marchés financiers.

▶ Au sein de l'Union européenne, la **Banque centrale européenne** (BCE) doit veiller au bon fonctionnement des systèmes de paiement, assurer la stabilité du système financier et la surveillance prudentielle des banques.

2 Les enjeux et les instruments de la régulation financière

A Renforcer la transparence des marchés financiers

▶ Les règles prudentielles* sont des dispositifs visant à limiter les risques de faillites bancaires. Il s'agit notamment d'imposer aux banques des **critères de solvabilité** garantissant un rapport minimum entre leurs fonds propres et leurs engagements.

▶ Un **encadrement plus fort de la titrisation*** distinguant nettement les produits selon les risques qu'ils portent serait de nature à renforcer la qualité des informations disponibles pour les opérateurs financiers.

▶ La **lutte contre les paradis fiscaux** vise à diminuer les « trous noirs » de la finance. Elle permettrait de mieux contrôler la légalité des flux financiers.

▶ Une **réforme des agences de notation** pourrait atténuer les conflits d'intérêts inhérents au fait qu'elles sont rémunérées par les banques qu'elles notent.

B Mieux contrôler la spéculation

▶ L'économiste américain James Tobin a proposé le principe d'une **taxation des transactions sur le marché des changes***, dite « Taxe Tobin », pour diminuer les mouvements spéculatifs.

CITATION « **Il faut jeter du sable dans les rouages trop bien huilés de la finance internationale.** » **J. Tobin, 1978**

▶ Si cette proposition est souvent reprise, elle fait néanmoins l'objet de nombreux débats entre ses partisans et ceux qui font confiance à l'autorégulation des marchés.

C Instaurer un prêteur en dernier ressort

▶ L'instauration d'un prêteur en dernier ressort serait un moyen de **réduire le risque systémique***. Au niveau international, ce rôle a été joué par le FMI (crise asiatique de 1997) et les banques centrales (crise des *subprimes*).

▶ Toutefois, cette ambition est politiquement difficile à mettre en œuvre, car les interventions d'un prêteur en dernier ressort posent la question de l'aléa moral* : doit-on sauver des banques qui ne respectent pas les règles prudentielles ?

CONCLURE

La récurrence des crises financières conduit à faire évoluer les modalités des politiques de régulation de la finance internationale.

Quiz express

Vérifiez que vous avez bien retenu les points importants **fiches 32 à 35**

36

Cochez la ou les bonnes réponses.

1 *Les mécanismes des crises financières*

Une crise financière :

- ☐ **a.** est le résultat de prophéties autoréalisatrices
- ☐ **b.** n'a aucun lien avec l'économie réelle
- ☐ **c.** représente la dernière phase d'un cycle financier

2 *Les effets des crises financières*

Une crise financière entraîne :

- ☐ **a.** un effet de richesse négatif
- ☐ **b.** un ralentissement de la croissance économique
- ☐ **c.** l'intervention de la Banque centrale

3 *La crise des subprimes*

	Vrai	Faux
1. Les *subprimes* sont des crédits à la consommation.	☐	☐
2. La crise des *subprimes* trouve son origine dans la baisse des prix de l'immobilier.	☐	☐
3. La titrisation a favorisé la diffusion de la crise des *subprimes.*	☐	☐

4 *Les acteurs de la régulation financière*

	Vrai	Faux
1. Le Fonds monétaire international doit gérer les crises financières.	☐	☐
2. La Banque mondiale a comme rôle principal d'accorder des prêts aux pays en crise.	☐	☐
3. En France, il n'existe aucun organisme de contrôle des marchés financiers.	☐	☐

5 *Les instruments de la régulation financière*

La transparence des marchés financiers implique de :

- ☐ **a.** réduire les taxes sur le marché des changes
- ☐ **b.** renforcer les fonds propres des banques
- ☐ **c.** supprimer toute forme de titrisation

Corrigés !

Score : … / 11

1 Les mécanismes des crises financières

Fiche 32

Réponse a. La crise financière se manifeste par une forte baisse du prix des actifs financiers sur le marché financier. Tous les acteurs sur le marché financier anticipent une baisse des cours (prophétie) qui devient réalité, car ils vendent leurs titres financiers.

2 Les effets des crises financières

Fiche 33

Les trois réponses sont bonnes. L'effondrement des cours des titres financiers entraîne un effet de richesse négatif, la valeur du patrimoine des agents économiques diminuant fortement. Cet effet provoque une baisse de la consommation et de l'investissement et, par conséquent, un ralentissement de la croissance économique. Ce ralentissement implique l'intervention de la Banque centrale pour garantir la stabilité financière.

3 La crise des subprimes

Fiche 34

1. Faux. Les *subprimes* sont des crédits accordés à des ménages ayant de faibles revenus pour acquérir un logement.

2. Faux. La crise trouve son origine dans la hausse des taux d'intérêt.

3. Vrai. La titrisation consiste à convertir les crédits *subprimes* accordés par les banques en titres financiers vendus à d'autres banques. Lorsque les débiteurs ne sont plus capables de rembourser leur dette, la valeur de ces titres s'effondre.

4 Les acteurs de la régulation financière

Fiche 35

1. Vrai. Le Fonds monétaire international doit jouer un rôle de prévention et de gestion des crises financières.

2. Faux. Le rôle principal de la Banque mondiale est d'accorder des crédits aux pays en développement.

3. Faux. L'Autorité des marchés financiers (AMF) a comme rôle de veiller au bon fonctionnement des marchés financiers.

5 Les instruments de la régulation financière

Fiche 35

Réponse b. Le renforcement des fonds propres des banques garantit leur solvabilité.

Savoir faire 37

Mesurer les effets d'une variation des taux de change

Comment analyser les effets d'une variation des taux de change ?

1 *Distinguer les différents taux de change*

▶ Le taux de change représente le **prix auquel s'échangent les monnaies nationales** ou les monnaies d'une zone monétaire entre elles. Par exemple, 1 € = 1,30 $. Le taux de change, défini par rapport à une monnaie (or, devise* clé), est appelé **parité** dans un système de **change fixe.**

▶ On distingue plusieurs taux de change.

- Le **taux de change nominal** (TCN) est le taux de change fixé par l'offre et la demande de devises sur le marché des changes*. Si la demande d'euros augmente, le taux de change s'apprécie ; si l'offre augmente, il se déprécie.
- Le **taux de change PPA** (parité de pouvoir d'achat) est un taux de change théorique pour lequel on peut acquérir le même panier de marchandises. Si ce panier vaut 1 000 € dans la zone euro et 1 300 $ aux États-Unis, le taux de change PPA sera 1 000 € = 1 300 $ soit 1 € = 1,30 $.
- Le **taux de change réel** (TCR) est le TCN entre deux monnaies déflaté des prix. On le calcule de la manière suivante :

TCR = TCN × (indices des prix étrangers en monnaie étrangère/ indice des prix locaux)

Exemple :

TCN 1 € = 1,30 $

Indice des prix aux États-Unis = 110

Indice des prix en zone euro = 105

TCR 1 € = 1,30 × (110 / 105) = 1,36 $

2 *Évaluer les effets d'une variation des taux de change*

Le taux de change entre l'euro et le dollar est au cœur du débat économique européen.

A Les effets positifs sur la croissance économique

▶ Une dépréciation du taux de change tend à augmenter le prix des **importations** et à baisser celui des **exportations**.

▶ Une dépréciation améliore donc la **compétitivité** du pays ou de la zone monétaire. La hausse des exportations stimule la croissance économique et favorise l'équilibre des **échanges extérieurs**.

B Limites de l'analyse

▶ **La courbe en J**

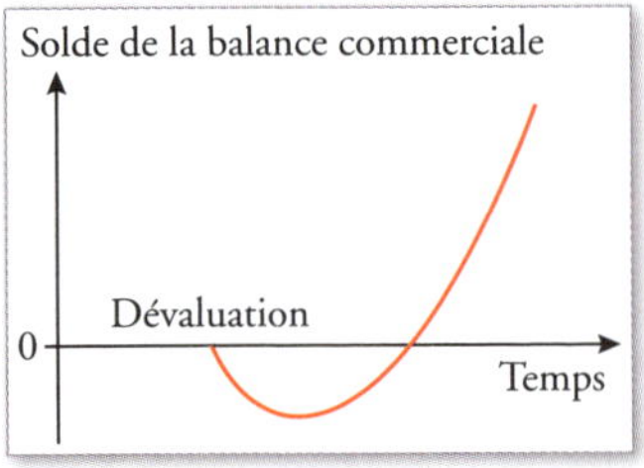

Au moment de la dépréciation du taux de change, si les quantités importées et exportées ne varient pas, le déficit commercial augmente : c'est l'**effet prix**. Puis, les consommateurs prennent conscience de l'évolution des prix. Les quantités importées diminuent et les quantités exportées augmentent, d'où un excédent commercial : c'est l'**effet volume**.

▶ **La structure des exportations.** La France exporte principalement des biens dont la compétitivité dépend essentiellement des prix, ce qui n'est pas le cas de certains pays de la zone euro comme l'Allemagne. Les effets d'une dépréciation (dévaluation) ne sont donc pas les mêmes pour toutes les économies.

▶ **L'inflation importée.** Certaines importations sont incompressibles, notamment celles de matières premières. Une dépréciation du taux de change augmente les prix de ces produits et, par conséquent, leur coût de production, d'où l'augmentation des prix et la baisse de la compétitivité-prix de l'économie nationale. De plus, cette inflation importée peut avoir des effets négatifs sur la consommation des ménages, limitant ainsi la reprise de la croissance.

CONCLURE

Les variations de taux de change ont des effets sur les échanges extérieurs, en fonction de la nature des produits échangés avec les autres pays.

Sa

SUJET

Sujet type bac 38

Comment peut-on expliquer l'instabilité des marchés financiers ?

DOC. 1

Dans les approches keynésiennes récentes, [...] les imperfections des marchés concernent la qualité de l'information et prennent la forme d'« asymétries d'information » entre prêteurs et emprunteurs. Les dysfonctionnements des marchés financiers sont liés à ces asymétries d'information qui empêchent les marchés d'évaluer correctement les actifs financiers et de diriger efficacement les fonds vers les pays et les agents économiques qui ont l'opportunité de réaliser les investissements les plus productifs. Cette information imparfaite amène également les opérateurs à suivre un comportement grégaire et mimétique (quand l'information fait défaut, on copie son voisin, espérant qu'il a plus d'information que soi).

Michel Rainelli, Christi Chavagneux, Dominique Plihon,
Les Enjeux de la mondialisation, © Éditions La Découverte, 2007.
www.editionsladecouverte.fr

DOC. 2 **Montant des transactions quotidiennes sur le marché des changes mondial**

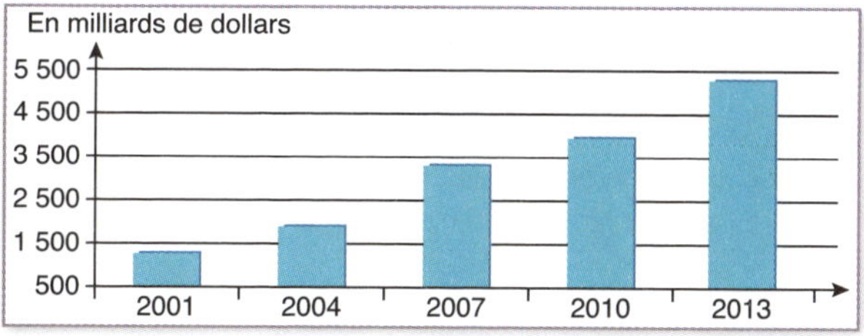

Source : Banque des règlements internationaux.

CORRIGÉ

INTRODUCTION Le processus de globalisation financière* s'est accompagné d'une forte volatilité des cours* des actifs financiers* et de crises financières* récurrentes. Quels sont les facteurs à l'origine de l'instabilité des marchés financiers* ?

1 Les mutations structurelles des marchés financiers

▶ Le processus de globalisation financière a engendré une explosion des flux financiers au niveau mondial. Ainsi, les transactions quotidiennes sur le marché des changes* ont quasiment été multipliées par 4 de 2001 à 2013 (DOC. 2). Cette augmentation, disproportionnée par rapport aux évolutions du commerce international, illustre une **déconnexion croissante** entre les flux financiers et les besoins de l'économie réelle.

▶ De plus, la déréglementation* des marchés financiers a permis l'émergence de nouveaux **investisseurs institutionnels** dont la gestion à court terme renforce les mouvements spéculatifs sur les actifs financiers.

2 Une information insuffisante des opérateurs de marché

▶ L'émergence de nouveaux produits et outils financiers (produits dérivés, titrisation*) renforce l'existence d'**asymétries d'information** importantes entre les demandeurs et les offreurs de capitaux (aléa moral*, sélection adverse*).

▶ Face à ce défaut d'information, les opérateurs de marché développent des comportements mimétiques* (DOC. 1) à l'origine de brusques retournements des marchés financiers (création de bulles spéculatives). Ce mimétisme est également porteur de **risques systémiques***.

3 Une régulation financière inefficace

▶ La volatilité des marchés financiers résulte de l'incapacité des **institutions de régulation financière*** à contrôler les phénomènes spéculatifs et à garantir un niveau de transparence suffisant.

▶ Cette incapacité est liée à l'existence de « **trous noirs** » dans la finance internationale, qu'il s'agisse des produits titrisés dont l'évaluation des risques est très difficile, ou de paradis fiscaux qui échappent à toutes formes de réglementation.

CONCLUSION Les mutations structurelles des marchés financiers, leur manque de transparence et une régulation financière inefficace sont à l'origine de la grande instabilité des marchés financiers.

Su
typ